눈으로 읽고 마음으로 옮겨쓰는

# 잠언•전도서•아가

시작한 날 : 년 월 일

끝마친 날 : 년 월 일

❖ 왼쪽면을 따라쓰실 때 반을 접어서 쓰시면 훨씬 수월합니다.

## 하나님의 말씀을 따라쓰게 되면,

1. 하나님의 말씀이 나의 심령에 생명의 소리로 들려온다.
2. 자신이 얼마나 하나님께 등을 지고 살아왔는가를 깨달아 회개하게 된다.
3. 자기를 부인하고, 자아를 거절하며 성령님의 인도하심에 자신을 맡기게 된다.
4. 자신의 생각으로 대하던 말씀이 성령의 감동을 통해 부어주는 것을 경험한다.
5. 나의 심령에서 말씀이 즐거워지고, 달게 느껴지며, 성령님의 인도를 바라게 된다.
6. 하나님의 말씀으로 자신의 마음과 생각, 말씨가 바뀌고, 인격이 다듬어지게 된다.

"하나님의 말씀은 살아 있고 활력이 있어 좌우에 날 선 어떤 검보다도 예리하여 혼과 영과 및 관절과 골수를 찔러 쪼개기까지 하며 또 마음의 생각과 뜻을 판단하나니" (히 4:12)

## 잠언

저자는 솔로몬이 이며 다른 사람들의 내용도 함께 들어 있다. 기록 시기는 B.C 1000~700년 경에 기록이 되었고 주요 인물들은 솔로몬, 아굴, 르무엘 등이 있다.

잠언의 핵심 내용은 지혜와 진리인데 지혜는 우리에게 선과 악, 진리와 거짓, 하나님의 뜻과 사람의 생각을 분별할 수 있게 해 주며, 진리는 하나님의 말씀대로 사는 길을 제시해 준다. 이와 같은 지혜와 진리를 통하여 하나님의 자녀들이 삶 속에서 겪는 실제적인 삶의 문제들을 개인과 부모와 자녀 관계, 이웃과 국가와의 관계에서 날마다 승리할 수 있도록 시, 비유, 간결한 질문, 짧은 이야기, 지혜로운 금언 등을 통하여 섬세한 가르침을 안내해 준다. 이처럼 잠언은 우리의 삶을 변화시킬 수 있는 하나님의 살아있는 말씀이며 이 말씀이 육신이 되어 우리에게 오신 예수님이 지혜의 근본이 된다.

## 전도서

전도서는 솔로몬이 나이 들어 기록한 참회록이라고 할 수 있다. 기록한 시기는 통치 말년인 B.C 935년경으로 본다. 기록 목적은 인간이 육체적인 쾌락만으로는 참된 삶의 가치를 얻을 수 없으며 오직 하나님만을 섬기며 그 안에 거할 때만이 진정한 삶의 가치를 누릴 수 있다는 것을 깨우치기 위함이다.

전도서의 앞부분은 살아가면서 경험하는 모든 것들이 다 허무한 것처럼 말하고 있는 것 같지만 뒷부분으로 갈수록 사람이 하나님과 바른 관계를 맺고 살아갈 때 인생은 허무한 것이 아니라 오히려 그 안에 하나님이 주시는 진정한 기쁨과 행복이 있음을 강조하고 있다. 즉, 인간의 인생의 가치는 하나님 안에서 찾아야 한다는 것입니다.

전도서는 이 세상의 모든 창조물이 하나님의 영광을 위해 지음 받았듯이 우리의 삶도 하나님의 영광을 위해 살아야 함을 일깨워 주고 있다.  그래서 전도자는 "너는 청년의 때에 너의 창조주를 기억하라… 하나님을 경외하고 그의 명령들을 지킬지어다 이것이 모든 사람의 본분이니라"(12:1,13)로 끝맺는다.

## 아가

저자는 솔로몬이며(1:1) 기록 시기는 솔로몬의 재임 초기 B.C 970~960년 경에 기록되었으며 아가서의 핵심 내용은 한 남자와 한 여자의 사랑에 관한 책으로 '노래 중의 노래' '가장 좋은 노래'라고도 한다. 특히, 솔로몬과 술람미 여인 사이에 주고받는 사랑의 노래를 통해 신랑인 그리스도와 신부인 교회와의 영광스러운 연합을 의미하기도 한다.

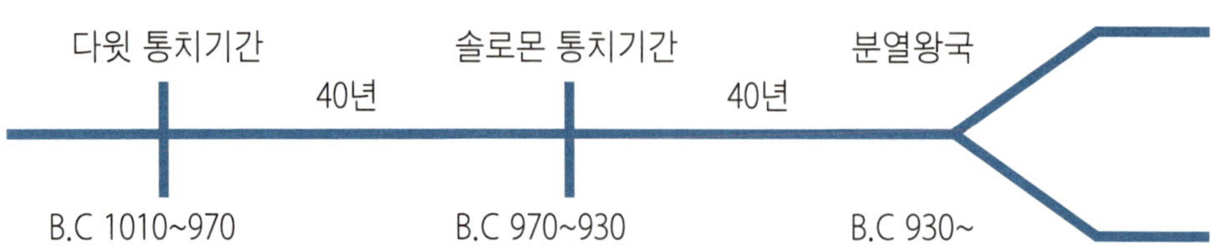

# 잠언

솔로몬의 잠언

**1**
1 다윗의 아들 이스라엘 왕 솔
로몬의 잠언이라
2 이는 지혜와 훈계를 알게 하며 명
철의 말씀을 깨닫게 하며
3 지혜롭게, 공의롭게, 정의롭게, 정
직하게 행할 일에 대하여 훈계를
받게 하며
4 어리석은 자를 슬기롭게 하며 젊
은 자에게 지식과 근신함을 주기
위한 것이니
5 지혜 있는 자는 듣고 학식이 더할
것이요 명철한 자는 지략을 얻을
것이라
6 잠언과 비유와 지혜 있는 자의 말
과 그 오묘한 말을 깨달으리라

젊은이에게 주는 교훈

7 여호와를 경외하는 것이 지식의
근본이거늘 미련한 자는 지혜와
훈계를 멸시하느니라
8 내 아들아 네 아비의 훈계를 들으
며 네 어미의 법을 떠나지 말라
9 이는 네 머리의 아름다운 관이요
네 목의 금 사슬이니라

1
1) 다윗의 아들 이스라엘 왕 솔
로몬의 잠언이라
2) 이는 지혜와 훈계를 알게 하며 명
철의 말씀을 깨닫게 하며
3) 지혜롭게, 공의롭게, 정의롭게, 정
직하게 행할 일에 대하여 훈계를
받게하며
4) 어리석은 자를 슬기롭게 하며 젊
은 자에게 지식과 근신함을 주기
위한 것이니
5) 지혜 있는 자는 듣고 학식이 더할
것이요 명철한 자는 지략을 얻을
것이라
6) 잠언과 비유와 지혜 있는 자의 말
과 그 오묘한 말을 깨달으리라
7) 여호와를 경외하는 것이 지식의
근본이거늘 미련한 자는 지혜와
훈계를 멸시하느니라
8) 내 아들아 네 아비의 훈계를 들으
며 네 어미의 법을 떠나지 말라
9) 이는 네 머리의 아름다운 관이요
네 목의 금 사슬이니라

년 월 일

# 잠 언

## 솔로몬의 잠언

**1**

1 다윗의 아들 이스라엘 왕 솔로
몬의 잠언이라
2 이는 지혜와 훈계를 알게 하며 명
철의 말씀을 깨닫게 하며
3 지혜롭게, 공의롭게, 정의롭게, 정
직하게 행할 일에 대하여 훈계를
받게 하며
4 어리석은 자를 슬기롭게 하며 젊
은 자에게 지식과 근신함을 주기
위한 것이니
5 지혜 있는 자는 듣고 학식이 더할
것이요 명철한 자는 지략을 얻을
것이라
6 잠언과 비유와 지혜 있는 자의 말
과 그 오묘한 말을 깨달으리라

## 젊은이에게 주는 교훈

7 ○ 여호와를 경외하는 것이 지식
의 근본이거늘 미련한 자는 지혜
와 훈계를 멸시하느니라
8 내 아들아 네 아비의 훈계를 들으
며 네 어미의 법을 떠나지 말라
9 이는 네 머리의 아름다운 관이요
네 목의 금 사슬이니라

1】

2】

3】

4】

5】

6】

7】

8】

9】

10 ○ 내 아들아 악한 자가 너를 꾈지
라도 따르지 말라
11 그들이 네게 말하기를 우리와 함
께 가자 우리가 가만히 엎드렸다
가 사람의 피를 흘리자 죄 없는 자
를 까닭 없이 숨어 기다리다가
12 스올 같이 그들을 산 채로 삼키며
무덤에 내려가는 자들 같이 통으
로 삼키자
13 우리가 온갖 보화를 얻으며 빼앗
은 것으로 우리 집을 채우리니
14 너는 우리와 함께 제비를 뽑고 우
리가 함께 전대 하나만 두자 할지
라도
15 내 아들아 그들과 함께 길에 다니
지 말라 네 발을 금하여 그 길을
밟지 말라
16 대저 그 발은 악으로 달려가며 피
를 흘리는 데 빠름이니라
17 새가 보는 데서 그물을 치면 헛일
이겠거늘
18 그들이 가만히 엎드림은 자기의
피를 흘릴 뿐이요 숨어 기다림은
자기의 생명을 해할 뿐이니
19 이익을 탐하는 모든 자의 길은 다
이러하여 자기의 생명을 잃게 하
느니라

10】

11】

12】

13】

14】

15】

16】

17】

18】

19】

지혜가 부른다

20 ○ 지혜가 길거리에서 부르며 광
장에서 소리를 높이며
21 시끄러운 길목에서 소리를 지르
며 성문 어귀와 성중에서 그 소리
를 발하여 이르되
22 너희 어리석은 자들은 어리석음을
좋아하며 거만한 자들은 거만을
기뻐하며 미련한 자들은 지식을
미워하니 어느 때까지 하겠느냐
23 나의 책망을 듣고 돌이키라 보라
내가 나의 영을 너희에게 부어 주
며 내 말을 너희에게 보이리라
24 내가 불렀으나 너희가 듣기 싫어
하였고 내가 손을 폈으나 돌아보
는 자가 없었고
25 도리어 나의 모든 교훈을 멸시하며
나의 책망을 받지 아니하였은즉
26 너희가 재앙을 만날 때에 내가 웃
을 것이며 너희에게 두려움이 임
할 때에 내가 비웃으리라
27 너희의 두려움이 광풍 같이 임하
겠고 너희의 재앙이 폭풍 같이 이
르겠고 너희에게 근심과 슬픔이
임하리니
28 그 때에 너희가 나를 부르리라 그
래도 내가 대답하지 아니하겠고

부지런히 나를 찾으리라 그래도
나를 만나지 못하리니
29 대저 너희가 지식을 미워하며 여
호와 경외하기를 즐거워하지 아
니하며
30 나의 교훈을 받지 아니하고 나의
모든 책망을 업신여겼음이니라
31 그러므로 자기 행위의 열매를 먹
으며 자기 꾀에 배부르리라
32 어리석은 자의 퇴보는 자기를 죽
이며 미련한 자의 안일은 자기를
멸망시키려니와
33 오직 내 말을 듣는 자는 평안히
살며 재앙의 두려움이 없이 안전
하리라

29】

30】

31】

32】

33】

## 지혜가 주는 유익

2

1 내 아들아 네가 만일 나의 말을
받으며 나의 계명을 네게 간직
하며
2 네 귀를 지혜에 기울이며 네 마음
을 명철에 두며
3 지식을 불러 구하며 명철을 얻으
려고 소리를 높이며
4 은을 구하는 것 같이 그것을 구하
며 감추어진 보배를 찾는 것 같이
그것을 찾으면

1】

2】

3】

4】

5 여호와 경외하기를 깨달으며 하
나님을 알게 되리니
6 대저 여호와는 지혜를 주시며 지
식과 명철을 그 입에서 내심이며
7 그는 정직한 자를 위하여 완전한
지혜를 예비하시며 행실이 온전
한 자에게 방패가 되시나니
8 대저 그는 정의의 길을 보호하시
며 그의 성도들의 길을 보전하려
하심이니라
9 그런즉 네가 공의와 정의와 정
직 곧 모든 선한 길을 깨달을 것
이라
10 곧 지혜가 네 마음에 들어가며 지
식이 네 영혼을 즐겁게 할 것이요
11 근신이 너를 지키며 명철이 너를
보호하여
12 악한 자의 길과 패역을 말하는 자
에게서 건져 내리라
13 이 무리는 정직한 길을 떠나 어두
운 길로 행하며
14 행악하기를 기뻐하며 악인의 패
역을 즐거워하나니
15 그 길은 구부러지고 그 행위는 패
역하니
16 지혜가 또 너를 음녀에게서, 말로
호리는 이방 계집에게서 구원하

5】
6】
7】
8】
9】
10】
11】
12】
13】
14】
15】
16】

년 월 일

리니
17 그는 젊은 시절의 짝을 버리며
그의 하나님의 언약을 잊어버린
자라
18 그의 집은 사망으로, 그의 길은 스
올로 기울어졌나니
19 누구든지 그에게로 가는 자는 돌
아오지 못하며 또 생명 길을 얻지
못하느니라
20 지혜가 너를 선한 자의 길로 행하
게 하며 또 의인의 길을 지키게
하리니
21 대저 정직한 자는 땅에 거하며 완
전한 자는 땅에 남아 있으리라
22 그러나 악인은 땅에서 끊어지겠
고 간사한 자는 땅에서 뽑히리라

17】

18】

19】

20】

21】

22】

### 젊은이에게 주는 교훈

3 1 내 아들아 나의 법을 잊어버리
지 말고 네 마음으로 나의 명령
을 지키라
2 그리하면 그것이 네가 장수하여
많은 해를 누리게 하며 평강을 더
하게 하리라
3 인자와 진리가 네게서 떠나지 말
게 하고 그것을 네 목에 매며 네
마음판에 새기라

1】

2】

3】

4 그리하면 네가 하나님과 사람 앞
에서 은총과 귀중히 여김을 받으
리라
5 너는 마음을 다하여 여호와를 신
뢰하고 네 명철을 의지하지 말라
6 너는 범사에 그를 인정하라 그리
하면 네 길을 지도하시리라
7 스스로 지혜롭게 여기지 말지어
다 여호와를 경외하며 악을 떠날
지어다
8 이것이 네 몸에 양약이 되어 네 골
수를 윤택하게 하리라
9 네 재물과 네 소산물의 처음 익은
열매로 여호와를 공경하라
10 그리하면 네 창고가 가득히 차고
네 포도즙 틀에 새 포도즙이 넘치
리라
11 ○ 내 아들아 여호와의 징계를 경
히 여기지 말라 그 꾸지람을 싫어
하지 말라
12 대저 여호와께서 그 사랑하시는
자를 징계하시기를 마치 아비가
그 기뻐하는 아들을 징계함 같이
하시느니라
13 지혜를 얻은 자와 명철을 얻은 자
는 복이 있나니
14 이는 지혜를 얻는 것이 은을 얻는

4】

5】

6】

7】

8】

9】

10】

11】

12】

13】

14】

것보다 낫고 그 이익이 정금보다
나음이니라
15 지혜는 진주보다 귀하니 네가 사
모하는 모든 것으로도 이에 비교
할 수 없도다
16 그의 오른손에는 장수가 있고 그
의 왼손에는 부귀가 있나니
17 그 길은 즐거운 길이요 그의 지름
길은 다 평강이니라
18 지혜는 그 얻은 자에게 생명 나무
라 지혜를 가진 자는 복되도다
19 여호와께서는 지혜로 땅에 터를
놓으셨으며 명철로 하늘을 견고
히 세우셨고
20 그의 지식으로 깊은 바다를 갈라
지게 하셨으며 공중에서 이슬이
내리게 하셨느니라
21 내 아들아 완전한 지혜와 근신을
지키고 이것들이 네 눈 앞에서 떠
나지 말게 하라
22 그리하면 그것이 네 영혼의 생명
이 되며 네 목에 장식이 되리니
23 네가 네 길을 평안히 행하겠고 네
발이 거치지 아니하겠으며
24 네가 누울 때에 두려워하지 아니
하겠고 네가 누운즉 네 잠이 달리
로다

15】
16】
17】
18】
19】
20】
21】
22】
23】
24】

년 월 일

25 너는 갑작스러운 두려움도 악인
에게 닥치는 멸망도 두려워하지
말라

26 대저 여호와는 네가 의지할 이시
니라 네 발을 지켜 걸리지 않게 하
시리라

27 ○ 네 손이 선을 베풀 힘이 있거든
마땅히 받을 자에게 베풀기를 아
끼지 말며

28 네게 있거든 이웃에게 이르기를
갔다가 다시 오라 내일 주겠노라
하지 말며

29 네 이웃이 네 곁에서 평안히 살거
든 그를 해하려고 꾀하지 말며

30 사람이 네게 악을 행하지 아니하
였거든 까닭 없이 더불어 다투지
말며

31 포학한 자를 부러워하지 말며 그
의 어떤 행위도 따르지 말라

32 대저 패역한 자는 여호와께서 미
워하시나 정직한 자에게는 그의
교통하심이 있으며

33 악인의 집에는 여호와의 저주가
있거니와 의인의 집에는 복이 있
느니라

34 진실로 그는 거만한 자를 비웃으
시며 겸손한 자에게 은혜를 베푸

25】

26】

27】

28】

29】

30】

31】

32】

33】

34】

시나니
35 지혜로운 자는 영광을 기업으로
받거니와 미련한 자의 영달함은
수치가 되느니라

35】

### 지혜와 명철을 얻으라

## 4

1 아들들아 아비의 훈계를 들으
며 명철을 얻기에 주의하라
2 내가 선한 도리를 너희에게 전하
노니 내 법을 떠나지 말라
3 나도 내 아버지에게 아들이었으
며 내 어머니 보기에 유약한 외아
들이었노라
4 아버지가 내게 가르쳐 이르기를
내 말을 네 마음에 두라 내 명령
을 지키라 그리하면 살리라
5 지혜를 얻으며 명철을 얻으라 내
입의 말을 잊지 말며 어기지 말라
6 지혜를 버리지 말라 그가 너를 보
호하리라 그를 사랑하라 그가 너
를 지키리라
7 지혜가 제일이니 지혜를 얻으라
네가 얻은 모든 것을 가지고 명철
을 얻을지니라
8 그를 높이라 그리하면 그가 너를
높이 들리라 만일 그를 품으면 그
가 너를 영화롭게 하리라

1】
2】
3】
4】
5】
6】
7】
8】

9 그가 아름다운 관을 네 머리에 두
겠고 영화로운 면류관을 네게 주
리라 하셨느니라
10 ○ 내 아들아 들으라 내 말을 받으라
그리하면 네 생명의 해가 길리라
11 내가 지혜로운 길을 네게 가르쳤
으며 정직한 길로 너를 인도하였
은즉
12 다닐 때에 네 걸음이 곤고하지 아
니하겠고 달려갈 때에 실족하지
아니하리라
13 훈계를 굳게 잡아 놓치지 말고 지
키라 이것이 네 생명이니라
14 사악한 자의 길에 들어가지 말며
악인의 길로 다니지 말지어다
15 그의 길을 피하고 지나가지 말며
돌이켜 떠나갈지어다
16 그들은 악을 행하지 못하면 자지
못하며 사람을 넘어뜨리지 못하
면 잠이 오지 아니하며
17 불의의 떡을 먹으며 강포의 술을
마심이니라
18 의인의 길은 돋는 햇살 같아서
크게 빛나 한낮의 광명에 이르거
니와
19 악인의 길은 어둠 같아서 그가 걸
려 넘어져도 그것이 무엇인지 깨

닫지 못하느니라
20 ○ 내 아들아 내 말에 주의하며 내
가 말하는 것에 네 귀를 기울이라
21 그것을 네 눈에서 떠나게 하지 말
며 네 마음 속에 지키라
22 그것은 얻는 자에게 생명이 되며
그의 온 육체의 건강이 됨이니라
23 모든 지킬 만한 것 중에 더욱 네
마음을 지키라 생명의 근원이 이
에서 남이니라
24 구부러진 말을 네 입에서 버리며
비뚤어진 말을 네 입술에서 멀리
하라
25 네 눈은 바로 보며 네 눈꺼풀은 네
앞을 곧게 살펴
26 네 발이 행할 길을 평탄하게 하며
네 모든 길을 든든히 하라
27 좌로나 우로나 치우치지 말고 네
발을 악에서 떠나게 하라

20】

21】

22】

23】

24】

25】

26】

27】

사지와 스올로 가지 말라

5
1 내 아들아 내 지혜에 주의하며
내 명철에 네 귀를 기울여서
2 근신을 지키며 네 입술로 지식을
지키도록 하라
3 대저 음녀의 입술은 꿀을 떨어뜨리
며 그의 입은 기름보다 미끄러우나

1】

2】

3】

4 나중은 쑥 같이 쓰고 두 날 가진
칼 같이 날카로우며
5 그의 발은 사지로 내려가며 그의
걸음은 스올로 나아가나니
6 그는 생명의 평탄한 길을 찾지 못
하며 자기 길이 든든하지 못하여
도 그것을 깨닫지 못하느니라
7 ○ 그런즉 아들들아 나에게 들으
며 내 입의 말을 버리지 말고
8 네 길을 그에게서 멀리 하라 그의
집 문에도 가까이 가지 말라
9 두렵건대 네 존영이 남에게 잃어
버리게 되며 네 수한이 잔인한 자
에게 빼앗기게 될까 하노라
10 두렵건대 타인이 네 재물로 충족
하게 되며 네 수고한 것이 외인의
집에 있게 될까 하노라
11 두렵건대 마지막에 이르러 네 몸,
네 육체가 쇠약할 때에 네가 한탄
하여
12 말하기를 내가 어찌하여 훈계를
싫어하며 내 마음이 꾸지람을 가
벼이 여기고
13 내 선생의 목소리를 청종하지 아
니하며 나를 가르치는 이에게 귀
를 기울이지 아니하였던고
14 많은 무리들이 모인 중에서 큰 악

4】

5】

6】

7】

8】

9】

10】

11】

12】

13】

14】

에 빠지게 되었노라 하게 될까 염
려하노라
15 ○ 너는 네 우물에서 물을 마시며
네 샘에서 흐르는 물을 마시라
16 어찌하여 네 샘물을 집 밖으로 넘
치게 하며 네 도랑물을 거리로 흘
러가게 하겠느냐
17 그 물이 네게만 있게 하고 타인과
더불어 그것을 나누지 말라
18 네 샘으로 복되게 하라 네가 젊어
서 취한 아내를 즐거워하라
19 그는 사랑스러운 암사슴 같고 아
름다운 암노루 같으니 너는 그의
품을 항상 족하게 여기며 그의 사
랑을 항상 연모하라
20 내 아들아 어찌하여 음녀를 연모
하겠으며 어찌하여 이방 계집의
가슴을 안겠느냐
21 대저 사람의 길은 여호와의 눈 앞
에 있나니 그가 그 사람의 모든 길
을 평탄하게 하시느니라
22 악인은 자기의 악에 걸리며 그 죄
의 줄에 매이나니
23 그는 훈계를 받지 아니함으로 말
미암아 죽겠고 심히 미련함으로
말미암아 혼미하게 되느니라

15】
16】
17】
18】
19】
20】
21】
22】
23】

실제적 교훈

6

1 내 아들아 네가 만일 이웃을 위
하여 담보하며 타인을 위하여
보증하였으면
2 네 입의 말로 네가 얽혔으며 네
입의 말로 인하여 잡히게 되었느
니라
3 내 아들아 네가 네 이웃의 손에 빠
졌은즉 이같이 하라 너는 곧 가서
겸손히 네 이웃에게 간구하여 스
스로 구원하되
4 네 눈을 잠들게 하지 말며 눈꺼풀
을 감기게 하지 말고
5 노루가 사냥꾼의 손에서 벗어나
는 것 같이, 새가 그물 치는 자의
손에서 벗어나는 것 같이 스스로
구원하라
6 ○ 게으른 자여 개미에게 가서 그
가 하는 것을 보고 지혜를 얻으라
7 개미는 두령도 없고 감독자도 없
고 통치자도 없으되
8 먹을 것을 여름 동안에 예비하며
추수 때에 양식을 모으느니라
9 게으른 자여 네가 어느 때까지 누
워 있겠느냐 네가 어느 때에 잠이
깨어 일어나겠느냐
10 좀더 자자, 좀더 졸자, 손을 모으

1】

2】

3】

4】

5】

6】

7】

8】

9】

10】

고 좀더 누워 있자 하면
11 네 빈궁이 강도 같이 오며 네 곤핍
이 군사 같이 이르리라
12 ○ 불량하고 악한 자는 구부러진
말을 하고 다니며
13 눈짓을 하며 발로 뜻을 보이며 손
가락질을 하며
14 그의 마음에 패역을 품으며 항상
악을 꾀하여 다툼을 일으키는
자라
15 그러므로 그의 재앙이 갑자기 내
려 당장에 멸망하여 살릴 길이 없
으리라
16 여호와께서 미워하시는 것 곧 그
의 마음에 싫어하시는 것이 예닐
곱 가지이니
17 곧 교만한 눈과 거짓된 혀와 무죄
한 자의 피를 흘리는 손과
18 악한 계교를 꾀하는 마음과 빨리
악으로 달려가는 발과
19 거짓을 말하는 망령된 증인과 및
형제 사이를 이간하는 자이니라

훈계와 명령

20 ○ 내 아들아 네 아비의 명령을 지
키며 네 어미의 법을 떠나지 말고
21 그것을 항상 네 마음에 새기며 네
목에 매라

11】

12】

13】

14】

15】

16】

17】

18】

19】

20】

21】

22 그것이 네가 다닐 때에 너를 인도
하며 네가 잘 때에 너를 보호하
며 네가 깰 때에 너와 더불어 말
하리니
23 대저 명령은 등불이요 법은 빛이
요 훈계의 책망은 곧 생명의 길
이라
24 이것이 너를 지켜 악한 여인에게,
이방 여인의 혀로 호리는 말에 빠
지지 않게 하리라
25 네 마음에 그의 아름다움을 탐하
지 말며 그 눈꺼풀에 홀리지 말라
26 음녀로 말미암아 사람이 한 조각
떡만 남게 됨이며 음란한 여인은
귀한 생명을 사냥함이니라
27 사람이 불을 품에 품고서야 어찌
그의 옷이 타지 아니하겠으며
28 사람이 숯불을 밟고서야 어찌 그
의 발이 데지 아니하겠느냐
29 남의 아내와 통간하는 자도 이와
같을 것이라 그를 만지는 자마다
벌을 면하지 못하리라
30 도둑이 만일 주릴 때에 배를 채우
려고 도둑질하면 사람이 그를 멸
시하지는 아니하려니와
31 들키면 칠 배를 갚아야 하리니 심
지어 자기 집에 있는 것을 다 내

22】

23】

24】

25】

26】

27】

28】

29】

30】

31】

주게 되리라
32 여인과 간음하는 자는 무지한 자
라 이것을 행하는 자는 자기의 영
혼을 망하게 하며
33 상함과 능욕을 받고 부끄러움을
씻을 수 없게 되나니
34 남편이 투기로 분노하여 원수 갚
는 날에 용서하지 아니하고
35 어떤 보상도 받지 아니하며 많
은 선물을 줄지라도 듣지 아니하
리라

32】

33】

34】

35】

음녀의 길로 치우치지 말라

7 1 내 아들아 내 말을 지키며 내
계명을 간직하라
2 내 계명을 지켜 살며 내 법을 네
눈동자처럼 지키라
3 이것을 네 손가락에 매며 이것을
네 마음판에 새기라
4 지혜에게 너는 내 누이라 하며 명
철에게 너는 내 친족이라 하라
5 그리하면 이것이 너를 지켜서 음
녀에게, 말로 호리는 이방 여인에
게 빠지지 않게 하리라
6 내가 내 집 들창으로, 살창으로 내
다 보다가
7 어리석은 자 중에, 젊은이 가운데

1】

2】

3】

4】

5】

6】

7】

에 한 지혜 없는 자를 보았노라
8 그가 거리를 지나 음녀의 골목 모
퉁이로 가까이 하여 그의 집쪽으
로 가는데
9 저물 때, 황혼 때, 깊은 밤 흑암 중
에라
10 그 때에 기생의 옷을 입은 간교한
여인이 그를 맞으니
11 이 여인은 떠들며 완악하며 그의
발이 집에 머물지 아니하여
12 어떤 때에는 거리, 어떤 때에는 광
장 또 모퉁이마다 서서 사람을 기
다리는 자라
13 그 여인이 그를 붙잡고 그에게 입
맞추며 부끄러움을 모르는 얼굴
로 그에게 말하되
14 내가 화목제를 드려 서원한 것을
오늘 갚았노라
15 이러므로 내가 너를 맞으려고 나
와 네 얼굴을 찾다가 너를 만났
도다
16 내 침상에는 요와 애굽의 무늬 있
는 이불을 폈고
17 몰약과 침향과 계피를 뿌렸노라
18 오라 우리가 아침까지 흡족하게
서로 사랑하며 사랑함으로 희락
하자

8】

9】

10】

11】

12】

13】

14】

15】

16】

17】

18】

19 남편은 집을 떠나 먼 길을 갔는데
20 은 주머니를 가졌은즉 보름 날에
나 집에 돌아오리라 하여
21 여러 가지 고운 말로 유혹하며 입
술의 호리는 말로 꾀므로
22 젊은이가 곧 그를 따랐으니 소가
도수장으로 가는 것 같고 미련한
자가 벌을 받으려고 쇠사슬에 매
이러 가는 것과 같도다
23 필경은 화살이 그 간을 뚫게 되리
라 새가 빨리 그물로 들어가되 그
의 생명을 잃어버릴 줄을 알지 못
함과 같으니라
24 ○ 이제 아들들아 내 말을 듣고 내
입의 말에 주의하라
25 네 마음이 음녀의 길로 치우치지
말며 그 길에 미혹되지 말지어다
26 대저 그가 많은 사람을 상하여 엎
드러지게 하였나니 그에게 죽은
자가 허다하니라
27 그의 집은 스올의 길이라 사망의
방으로 내려가느니라

19】
20】
21】
22】
23】
24】
25】
26】
27】

지혜와 명철 찬양

8
1 지혜가 부르지 아니하느냐 명철
이 소리를 높이지 아니하느냐
2 그가 길 가의 높은 곳과 네거리

1】
2】

에 서며
3 성문 결과 문 어귀와 여러 출입하
는 문에서 불러 이르되
4 사람들아 내가 너희를 부르며 내
가 인자들에게 소리를 높이노라
5 어리석은 자들아 너희는 명철할
지니라 미련한 자들아 너희는 마
음이 밝을지니라
6 너희는 들을지어다 내가 가장 선
한 것을 말하리라 내 입술을 열어
정직을 내리라
7 내 입은 진리를 말하며 내 입술은
악을 미워하느니라
8 내 입의 말은 다 의로운즉 그 가
운데에 굽은 것과 패역한 것이 없
나니
9 이는 다 총명 있는 자가 밝히 아는
바요 지식 얻은 자가 정직하게 여
기는 바니라
10 너희가 은을 받지 말고 나의 훈
계를 받으며 정금보다 지식을 얻
으라
11 대저 지혜는 진주보다 나으므로
원하는 모든 것을 이에 비교할 수
없음이니라
12 나 지혜는 명철로 주소를 삼으며
지식과 근신을 찾아 얻나니

3】
4】
5】
6】
7】
8】
9】
10】
11】
12】

13 여호와를 경외하는 것은 악을 미
워하는 것이라 나는 교만과 거만
과 악한 행실과 패역한 입을 미워
하느니라
14 내게는 계략과 참 지식이 있으며
나는 명철이라 내게 능력이 있으
므로
15 나로 말미암아 왕들이 치리하며
방백들이 공의를 세우며
16 나로 말미암아 재상과 존귀한 자
곧 모든 의로운 재판관들이 다스
리느니라
17 나를 사랑하는 자들이 나의 사랑
을 입으며 나를 간절히 찾는 자가
나를 만날 것이니라
18 부귀가 내게 있고 장구한 재물과
공의도 그러하니라
19 내 열매는 금이나 정금보다 나으
며 내 소득은 순은보다 나으니라
20 나는 정의로운 길로 행하며 공의
로운 길 가운데로 다니나니
21 이는 나를 사랑하는 자가 재물을
얻어서 그 곳간에 채우게 하려 함
이니라
22 ○ 여호와께서 그 조화의 시작 곧
태초에 일하시기 전에 나를 가지
셨으며

13】

14】

15】

16】

17】

18】

19】

20】

21】

22】

23 만세 전부터, 태초부터, 땅이 생기
기 전부터 내가 세움을 받았나니
24 아직 바다가 생기지 아니하였고
큰 샘들이 있기 전에 내가 이미
났으며
25 산이 세워지기 전에, 언덕이 생기
기 전에 내가 이미 났으니
26 하나님이 아직 땅도, 들도, 세상진
토의 근원도 짓지 아니하셨을 때
에라
27 그가 하늘을 지으시며 궁창을 해
면에 두르실 때에 내가 거기 있
었고
28 그가 위로 구름 하늘을 견고하게
하시며 바다의 샘들을 힘 있게 하
시며
29 바다의 한계를 정하여 물이 명령
을 거스르지 못하게 하시며 또 땅
의 기초를 정하실 때에
30 내가 그 곁에 있어서 창조자가 되
어 날마다 그의 기뻐하신 바가 되
었으며 항상 그 앞에서 즐거워하
였으며
31 사람이 거처할 땅에서 즐거워하
며 인자들을 기뻐하였느니라
32 ○ 아들들아 이제 내게 들으라 내
도를 지키는 자가 복이 있느니라

23】

24】

25】

26】

27】

28】

29】

30】

31】

32】

33 훈계를 들어서 지혜를 얻으라 그
것을 버리지 말라
34 누구든지 내게 들으며 날마다 내
문 곁에서 기다리며 문설주 옆에
서 기다리는 자는 복이 있나니
35 대저 나를 얻는 자는 생명을 얻
고 여호와께 은총을 얻을 것임이
니라
36 그러나 나를 잃는 자는 자기의 영
혼을 해하는 자라 나를 미워하는
자는 사망을 사랑하느니라

33】

34】

35】

36】

## 지혜와 어리석음

9
1 지혜가 그의 집을 짓고 일곱 기
둥을 다듬고
2 짐승을 잡으며 포도주를 혼합하
여 상을 갖추고
3 자기의 여종을 보내어 성중 높은
곳에서 불러 이르기를
4 어리석은 자는 이리로 돌이키라
또 지혜 없는 자에게 이르기를
5 너는 와서 내 식물을 먹으며 내 혼
합한 포도주를 마시고
6 어리석음을 버리고 생명을 얻으
라 명철의 길을 행하라 하느니라
7 ○ 거만한 자를 징계하는 자는 도
리어 능욕을 받고 악인을 책망하

1】

2】

3】

4】

5】

6】

7】

는 자는 도리어 흠이 잡히느니라
8 거만한 자를 책망하지 말라 그가
너를 미워할까 두려우니라 지혜
있는 자를 책망하라 그가 너를 사
랑하리라
9 지혜 있는 자에게 교훈을 더하라
그가 더욱 지혜로워질 것이요 의
로운 사람을 가르치라 그의 학식
이 더하리라
10 여호와를 경외하는 것이 지혜의
근본이요 거룩하신 자를 아는 것
이 명철이니라
11 나 지혜로 말미암아 네 날이 많아
질 것이요 네 생명의 해가 네게 더
하리라
12 네가 만일 지혜로우면 그 지혜가
네게 유익할 것이나 네가 만일 거
만하면 너 홀로 해를 당하리라
13 ○ 미련한 여인이 떠들며 어리석
어서 아무것도 알지 못하고
14 자기 집 문에 앉으며 성읍 높은 곳
에 있는 자리에 앉아서
15 자기 길을 바로 가는 행인들을 불
러 이르되
16 어리석은 자는 이리로 돌이키라
또 지혜 없는 자에게 이르기를
17 도둑질한 물이 달고 몰래 먹는 떡

8】
9】
10】
11】
12】
13】
14】
15】
16】
17】

이 맛이 있다 하는도다
18 오직 그 어리석은 자는 죽은 자들
이 거기 있는 것과 그의 객들이 스
올 깊은 곳에 있는 것을 알지 못
하느니라

18】

## 솔로몬의 잠언

**10** 1 솔로몬의 잠언이라
○ 지혜로운 아들은 아비를 기
쁘게 하거니와 미련한 아들은 어
미의 근심이니라
2 불의의 재물은 무익하여도 공의
는 죽음에서 건지느니라
3 여호와께서 의인의 영혼은 주리
지 않게 하시나 악인의 소욕은 물
리치시느니라
4 손을 게으르게 놀리는 자는 가난
하게 되고 손이 부지런한 자는 부
하게 되느니라
5 여름에 거두는 자는 지혜로운 아
들이나 추수 때에 자는 자는 부끄
러움을 끼치는 아들이니라
6 의인의 머리에는 복이 임하나 악
인의 입은 독을 머금었느니라
7 의인을 기념할 때에는 칭찬하거
니와 악인의 이름은 썩게 되느
니라

1】

2】

3】

4】

5】

6】

7】

8 마음이 지혜로운 자는 계명을 받
거니와 입이 미련한 자는 멸망하
리라
9 바른 길로 행하는 자는 걸음이 평
안하려니와 굽은 길로 행하는 자
는 드러나리라
10 눈짓하는 자는 근심을 끼치고 입
이 미련한 자는 멸망하느니라
11 의인의 입은 생명의 샘이라도 악
인의 입은 독을 머금었느니라
12 미움은 다툼을 일으켜도 사랑은
모든 허물을 가리느니라
13 명철한 자의 입술에는 지혜가 있
어도 지혜 없는 자의 등을 위하여
는 채찍이 있느니라
14 지혜로운 자는 지식을 간직하거
니와 미련한 자의 입은 멸망에 가
까우니라
15 부자의 재물은 그의 견고한 성이
요 가난한 자의 궁핍은 그의 멸망
이니라
16 의인의 수고는 생명에 이르고 악
인의 소득은 죄에 이르느니라
17 훈계를 지키는 자는 생명 길로 행
하여도 징계를 버리는 자는 그릇
가느니라
18 미움을 감추는 자는 거짓된 입술

8】

9】

10】

11】

12】

13】

14】

15】

16】

17】

18】

년 월 일

을 가진 자요 중상하는 자는 미련
한 자이니라
19 말이 많으면 허물을 면하기 어려
우나 그 입술을 제어하는 자는 지
혜가 있느니라
20 의인의 혀는 순은과 같거니와 악
인의 마음은 가치가 적으니라
21 의인의 입술은 여러 사람을 교육
하나 미련한 자는 지식이 없어 죽
느니라
22 여호와께서 주시는 복은 사람을
부하게 하고 근심을 겸하여 주지
아니하시느니라
23 미련한 자는 행악으로 낙을 삼는
것 같이 명철한 자는 지혜로 낙을
삼느니라
24 악인에게는 그의 두려워하는 것
이 임하거니와 의인은 그 원하는
것이 이루어지느니라
25 회오리바람이 지나가면 악인은
없어져도 의인은 영원한 기초 같
으니라
26 게으른 자는 그 부리는 사람에게
마치 이에 식초 같고 눈에 연기 같
으니라
27 여호와를 경외하면 장수하느니라
그러나 악인의 수명은 짧아지느

19】

20】

21】

22】

23】

24】

25】

26】

27】

니라
28 의인의 소망은 즐거움을 이루어
도 악인의 소망은 끊어지느니라
29 여호와의 도가 정직한 자에게는
산성이요 행악하는 자에게는 멸
망이니라
30 의인은 영영히 이동되지 아니하
여도 악인은 땅에 거하지 못하게
되느니라
31 의인의 입은 지혜를 내어도 패역
한 혀는 베임을 당할 것이니라
32 의인의 입술은 기쁘게 할 것을 알
거늘 악인의 입은 패역을 말하느
니라

28】
29】
30】
31】
32】

11
1 속이는 저울은 여호와께서 미
워하시나 공평한 추는 그가 기
뻐하시느니라
2 교만이 오면 욕도 오거니와 겸손
한 자에게는 지혜가 있느니라
3 정직한 자의 성실은 자기를 인도
하거니와 사악한 자의 패역은 자
기를 망하게 하느니라
4 재물은 진노하시는 날에 무익하
나 공의는 죽음에서 건지느니라
5 완전한 자의 공의는 자기의 길을
곧게 하려니와 악한 자는 자기의

1】
2】
3】
4】
5】

악으로 말미암아 넘어지리라
6 정직한 자의 공의는 자기를 건지
려니와 사악한 자는 자기의 악에
잡히리라
7 악인은 죽을 때에 그 소망이 끊
어지나니 불의의 소망이 없어지
느니라
8 의인은 환난에서 구원을 얻으나
악인은 자기의 길로 가느니라
9 악인은 입으로 그의 이웃을 망하
게 하여도 의인은 그의 지식으로
말미암아 구원을 얻느니라
10 의인이 형통하면 성읍이 즐거워
하고 악인이 패망하면 기뻐 외치
느니라
11 성읍은 정직한 자의 축복으로 인
하여 진흥하고 악한 자의 입으로
말미암아 무너지느니라
12 지혜 없는 자는 그의 이웃을 멸시
하나 명철한 자는 잠잠하느니라
13 두루 다니며 한담하는 자는 남의
비밀을 누설하나 마음이 신실한
자는 그런 것을 숨기느니라
14 지략이 없으면 백성이 망하여도
지략이 많으면 평안을 누리느
니라
15 타인을 위하여 보증이 되는 자는

6】

7】

8】

9】

10】

11】

12】

13】

14】

15】

손해를 당하여도 보증이 되기를
싫어하는 자는 평안하니라
16 유덕한 여자는 존영을 얻고 근면
한 남자는 재물을 얻느니라
17 인자한 자는 자기의 영혼을 이롭
게 하고 잔인한 자는 자기의 몸을
해롭게 하느니라
18 악인의 삯은 허무하되 공의를 뿌
린 자의 상은 확실하니라
19 공의를 굳게 지키는 자는 생명에
이르고 악을 따르는 자는 사망에
이르느니라
20 마음이 굽은 자는 여호와께 미움
을 받아도 행위가 온전한 자는 그
의 기뻐하심을 받느니라
21 악인은 피차 손을 잡을지라도 벌
을 면하지 못할 것이나 의인의 자
손은 구원을 얻으리라
22 아름다운 여인이 삼가지 아니하
는 것은 마치 돼지 코에 금 고리
같으니라
23 의인의 소원은 오직 선하나 악인
의 소망은 진노를 이루느니라
24 흩어 구제하여도 더욱 부하게 되
는 일이 있나니 과도히 아껴도 가
난하게 될 뿐이니라
25 구제를 좋아하는 자는 풍족하여

16】

17】

18】

19】

20】

21】

22】

23】

24】

25】

질 것이요 남을 윤택하게 하는 자
는 자기도 윤택하여지리라
26 곡식을 내놓지 아니하는 자는 백
성에게 저주를 받을 것이나 파는
자는 그의 머리에 복이 임하리라
27 선을 간절히 구하는 자는 은총을
얻으려니와 악을 더듬어 찾는 자
에게는 악이 임하리라
28 자기의 재물을 의지하는 자는 패
망하려니와 의인은 푸른 잎사귀
같아서 번성하리라
29 자기 집을 해롭게 하는 자의 소득
은 바람이라 미련한 자는 마음이
지혜로운 자의 종이 되리라
30 의인의 열매는 생명 나무라 지혜
로운 자는 사람을 얻느니라
31 보라 의인이라도 이 세상에서 보
응을 받겠거든 하물며 악인과 죄
인이리요

26】
27】
28】
29】
30】
31】

12

1 훈계를 좋아하는 자는 지식을
좋아하거니와 징계를 싫어하는
자는 짐승과 같으니라
2 선인은 여호와께 은총을 받으려
니와 악을 꾀하는 자는 정죄하심
을 받으리라
3 사람이 악으로서 굳게 서지 못하

1】
2】
3】

거니와 의인의 뿌리는 움직이지
아니하느니라
4 어진 여인은 그 지아비의 면류관
이나 욕을 끼치는 여인은 그 지아
비의 뼈가 썩음 같게 하느니라
5 의인의 생각은 정직하여도 악인
의 도모는 속임이니라
6 악인의 말은 사람을 엿보아 피를
흘리자 하는 것이거니와 정직한
자의 입은 사람을 구원하느니라
7 악인은 엎드러져서 소멸되려니와
의인의 집은 서 있으리라
8 사람은 그 지혜대로 칭찬을 받으
려니와 마음이 굽은 자는 멸시를
받으리라
9 비천히 여김을 받을지라도 종을
부리는 자는 스스로 높은 체하고
도 음식이 핍절한 자보다 나으
니라
10 의인은 자기의 가축의 생명을 돌
보나 악인의 긍휼은 잔인이니라
11 자기의 토지를 경작하는 자는 먹
을 것이 많거니와 방탕한 것을 따
르는 자는 지혜가 없느니라
12 악인은 불의의 이익을 탐하나 의
인은 그 뿌리로 말미암아 결실하
느니라

4】
5】
6】
7】
8】
9】
10】
11】
12】

13 악인은 입술의 허물로 말미암아
그물에 걸려도 의인은 환난에서
벗어나느니라
14 사람은 입의 열매로 말미암아 복
록에 족하며 그 손이 행하는 대로
자기가 받느니라
15 미련한 자는 자기 행위를 바른 줄
로 여기나 지혜로운 자는 권고를
듣느니라
16 미련한 자는 당장 분노를 나타내
거니와 슬기로운 자는 수욕을 참
느니라
17 진리를 말하는 자는 의를 나타내
어도 거짓 증인은 속이는 말을 하
느니라
18 칼로 찌름 같이 함부로 말하는 자
가 있거니와 지혜로운 자의 혀는
양약과 같으니라
19 진실한 입술은 영원히 보존되거
니와 거짓 혀는 잠시 동안만 있을
뿐이니라
20 악을 꾀하는 자의 마음에는 속임
이 있고 화평을 의논하는 자에게
는 희락이 있느니라
21 의인에게는 어떤 재앙도 임하지
아니하려니와 악인에게는 앙화가
가득하리라

13】

14】

15】

16】

17】

18】

19】

20】

21】

22 거짓 입술은 여호와께 미움을 받
아도 진실하게 행하는 자는 그의
기뻐하심을 받느니라
23 슬기로운 자는 지식을 감추어도
미련한 자의 마음은 미련한 것을
전파하느니라
24 부지런한 자의 손은 사람을 다스
리게 되어도 게으른 자는 부림을
받느니라
25 근심이 사람의 마음에 있으면 그
것으로 번뇌하게 되나 선한 말은
그것을 즐겁게 하느니라
26 의인은 그 이웃의 인도자가 되나
악인의 소행은 자신을 미혹하느
니라
27 게으른 자는 그 잡을 것도 사냥하
지 아니하나니 사람의 부귀는 부
지런한 것이니라
28 공의로운 길에 생명이 있나니 그
길에는 사망이 없느니라

22】
23】
24】
25】
26】
27】
28】

13
1 지혜로운 아들은 아비의 훈계
를 들으나 거만한 자는 꾸지람
을 즐겨 듣지 아니하느니라
2 사람은 입의 열매로 인하여 복록
을 누리거니와 마음이 궤사한 자
는 강포를 당하느니라

1】
2】

3 입을 지키는 자는 자기의 생명을
보전하나 입술을 크게 벌리는 자
에게는 멸망이 오느니라
4 게으른 자는 마음으로 원하여도
얻지 못하나 부지런한 자의 마음
은 풍족함을 얻느니라
5 의인은 거짓말을 미워하나 악인
은 행위가 흉악하여 부끄러운 데
에 이르느니라
6 공의는 행실이 정직한 자를 보호
하고 악은 죄인을 패망하게 하느
니라
7 스스로 부한 체하여도 아무 것도
없는 자가 있고 스스로 가난한
체하여도 재물이 많은 자가 있느
니라
8 사람의 재물이 자기 생명의 속전
일 수 있으나 가난한 자는 협박을
받을 일이 없느니라
9 의인의 빛은 환하게 빛나고 악인
의 등불은 꺼지느니라
10 교만에서는 다툼만 일어날 뿐이
라 권면을 듣는 자는 지혜가 있
느니라
11 망령되이 얻은 재물은 줄어가고
손으로 모은 것은 늘어가느니라
12 소망이 더디 이루어지면 그것이

3】

4】

5】

6】

7】

8】

9】

10】

11】

12】

마음을 상하게 하거니와 소원이
이루어지는 것은 곧 생명 나무
니라
13 말씀을 멸시하는 자는 자기에게
패망을 이루고 계명을 두려워하
는 자는 상을 받느니라
14 지혜 있는 자의 교훈은 생명의 샘
이니 사망의 그물에서 벗어나게
하느니라
15 선한 지혜는 은혜를 베푸나 사악
한 자의 길은 험하니라
16 무릇 슬기로운 자는 지식으로 행
하거니와 미련한 자는 자기의 미
련한 것을 나타내느니라
17 악한 사자는 재앙에 빠져도 충성
된 사신은 양약이 되느니라
18 훈계를 저버리는 자에게는 궁핍
과 수욕이 이르거니와 경계를 받
는 자는 존영을 받느니라
19 소원을 성취하면 마음에 달아도
미련한 자는 악에서 떠나기를 싫
어하느니라
20 지혜로운 자와 동행하면 지혜를
얻고 미련한 자와 사귀면 해를 받
느니라
21 재앙은 죄인을 따르고 선한 보응
은 의인에게 이르느니라

13】
14】
15】
16】
17】
18】
19】
20】
21】

22 선인은 그 산업을 자자 손손에게
끼쳐도 죄인의 재물은 의인을 위
하여 쌓이느니라
23 가난한 자는 밭을 경작함으로 양
식이 많아지거니와 불의로 말미
암아 가산을 탕진하는 자가 있느
니라
24 매를 아끼는 자는 그의 자식을 미
워함이라 자식을 사랑하는 자는
근실히 징계하느니라
25 의인은 포식하여도 악인의 배는
주리느니라

22】

23】

24】

25】

14 1 지혜로운 여인은 자기 집을 세
우되 미련한 여인은 자기 손으
로 그것을 허느니라
2 정직하게 행하는 자는 여호와를
경외하여도 패역하게 행하는 자
는 여호와를 경멸하느니라
3 미련한 자는 교만하여 입으로 매
를 자청하고 지혜로운 자의 입술
은 자기를 보전하느니라
4 소가 없으면 구유는 깨끗하려니
와 소의 힘으로 얻는 것이 많으
니라
5 신실한 증인은 거짓말을 아니하
여도 거짓 증인은 거짓말을 뱉느

1】

2】

3】

4】

5】

니라
6 거만한 자는 지혜를 구하여도 얻
지 못하거니와 명철한 자는 지식
얻기가 쉬우니라
7 너는 미련한 자의 앞을 떠나라 그
입술에 지식 있음을 보지 못함이
니라
8 슬기로운 자의 지혜는 자기의 길
을 아는 것이라도 미련한 자의 어
리석음은 속이는 것이니라
9 미련한 자는 죄를 심상히 여겨
도 정직한 자 중에는 은혜가 있느
니라
10 마음의 고통은 자기가 알고 마음
의 즐거움은 타인이 참여하지 못
하느니라
11 악한 자의 집은 망하겠고 정직한
자의 장막은 흥하리라
12 어떤 길은 사람이 보기에 바르나
필경은 사망의 길이니라
13 웃을 때에도 마음에 슬픔이 있고
즐거움의 끝에도 근심이 있느
니라
14 마음이 굽은 자는 자기 행위로 보
응이 가득하겠고 선한 사람도 자
기의 행위로 그러하리라
15 어리석은 자는 온갖 말을 믿으나

6】
7】
8】
9】
10】
11】
12】
13】
14】
15】

슬기로운 자는 자기의 행동을 삼
가느니라
16 지혜로운 자는 두려워하여 악을
떠나나 어리석은 자는 방자하여
스스로 믿느니라
17 노하기를 속히 하는 자는 어리석
은 일을 행하고 악한 계교를 꾀하
는 자는 미움을 받느니라
18 어리석은 자는 어리석음으로 기
업을 삼아도 슬기로운 자는 지식
으로 면류관을 삼느니라
19 악인은 선인 앞에 엎드리고 불의
한 자는 의인의 문에 엎드리느
니라
20 가난한 자는 이웃에게도 미움을
받게 되나 부요한 자는 친구가 많
으니라
21 이웃을 업신여기는 자는 죄를 범
하는 자요 빈곤한 자를 불쌍히 여
기는 자는 복이 있는 자니라
22 악을 도모하는 자는 잘못 가는 것
이 아니냐 선을 도모하는 자에게
는 인자와 진리가 있으리라
23 모든 수고에는 이익이 있어도 입
술의 말은 궁핍을 이룰 뿐이니라
24 지혜로운 자의 재물은 그의 면류
관이요 미련한 자의 소유는 다만

16】
17】
18】
19】
20】
21】
22】
23】
24】

미련한 것이니라

25 진실한 증인은 사람의 생명을 구
원하여도 거짓말을 뱉는 사람은
속이느니라

26 여호와를 경외하는 자에게는 견
고한 의뢰가 있나니 그 자녀들에
게 피난처가 있으리라

27 여호와를 경외하는 것은 생명의
샘이니 사망의 그물에서 벗어나
게 하느니라

28 백성이 많은 것은 왕의 영광이요
백성이 적은 것은 주권자의 패망
이니라

29 노하기를 더디 하는 자는 크게 명
철하여도 마음이 조급한 자는 어
리석음을 나타내느니라

30 평온한 마음은 육신의 생명이나
시기는 뼈를 썩게 하느니라

31 가난한 사람을 학대하는 자는 그
를 지으신 이를 멸시하는 자요 궁
핍한 사람을 불쌍히 여기는 자는
주를 공경하는 자니라

32 악인은 그의 환난에 엎드러져도
의인은 그의 죽음에도 소망이 있
느니라

33 지혜는 명철한 자의 마음에 머물
거니와 미련한 자의 속에 있는 것

25】

26】

27】

28】

29】

30】

31】

32】

33】

은 나타나느니라
34 공의는 나라를 영화롭게 하고 죄
는 백성을 욕되게 하느니라
35 슬기롭게 행하는 신하는 왕에게
은총을 입고 욕을 끼치는 신하는
그의 진노를 당하느니라

34】

35】

15
1 유순한 대답은 분노를 쉬게 하
여도 과격한 말은 노를 격동하
느니라
2 지혜 있는 자의 혀는 지식을 선히
베풀고 미련한 자의 입은 미련한
것을 쏟느니라
3 여호와의 눈은 어디서든지 악인
과 선인을 감찰하시느니라
4 온순한 혀는 곧 생명 나무이지만
패역한 혀는 마음을 상하게 하느
니라
5 아비의 훈계를 업신여기는 자는
미련한 자요 경계를 받는 자는 슬
기를 얻을 자니라
6 의인의 집에는 많은 보물이 있어도
악인의 소득은 고통이 되느니라
7 지혜로운 자의 입술은 지식을 전
파하여도 미련한 자의 마음은 정
함이 없느니라
8 악인의 제사는 여호와께서 미워

1】

2】

3】

4】

5】

6】

7】

8】

하셔도 정직한 자의 기도는 그가
기뻐하시느니라
9 악인의 길은 여호와께서 미워하
셔도 공의를 따라가는 자는 그가
사랑하시느니라
10 도를 배반하는 자는 엄한 징계를
받을 것이요 견책을 싫어하는 자
는 죽을 것이니라
11 스올과 아바돈도 여호와의 앞에
드러나거든 하물며 사람의 마음
이리요
12 거만한 자는 견책 받기를 좋아하
지 아니하며 지혜 있는 자에게로
가지도 아니하느니라
13 마음의 즐거움은 얼굴을 빛나게
하여도 마음의 근심은 심령을 상
하게 하느니라
14 명철한 자의 마음은 지식을 요구
하고 미련한 자의 입은 미련한 것
을 즐기느니라
15 고난 받는 자는 그 날이 다 험악
하나 마음이 즐거운 자는 항상 잔
치하느니라
16 가산이 적어도 여호와를 경외하
는 것이 크게 부하고 번뇌하는 것
보다 나으니라
17 채소를 먹으며 서로 사랑하는 것

9】

10】

11】

12】

13】

14】

15】

16】

17】

이 살진 소를 먹으며 서로 미워하
는 것보다 나으니라
18 분을 쉽게 내는 자는 다툼을 일으
켜도 노하기를 더디 하는 자는 시
비를 그치게 하느니라
19 게으른 자의 길은 가시 울타리 같
으나 정직한 자의 길은 대로니라
20 지혜로운 아들은 아비를 즐겁게
하여도 미련한 자는 어미를 업신
여기느니라
21 무지한 자는 미련한 것을 즐겨 하
여도 명철한 자는 그 길을 바르게
하느니라
22 의논이 없으면 경영이 무너지고
지략이 많으면 경영이 성립하느
니라
23 사람은 그 입의 대답으로 말미암
아 기쁨을 얻나니 때에 맞는 말이
얼마나 아름다운고
24 지혜로운 자는 위로 향한 생명 길
로 말미암음으로 그 아래에 있는
스올을 떠나게 되느니라
25 여호와는 교만한 자의 집을 허시
며 과부의 지계를 정하시느니라
26 악한 꾀는 여호와께서 미워하시
나 선한 말은 정결하니라
27 이익을 탐하는 자는 자기 집을 해

18】

19】

20】

21】

22】

23】

24】

25】

26】

27】

롭게 하나 뇌물을 싫어하는 자는
살게 되느니라
28 의인의 마음은 대답할 말을 깊이
생각하여도 악인의 입은 악을 쏟
느니라
29 여호와는 악인을 멀리 하시고 의
인의 기도를 들으시느니라
30 눈이 밝은 것은 마음을 기쁘게 하
고 좋은 기별은 뼈를 윤택하게 하
느니라
31 생명의 경계를 듣는 귀는 지혜로
운 자 가운데에 있느니라
32 훈계 받기를 싫어하는 자는 자기
의 영혼을 경히 여김이라 견책을
달게 받는 자는 지식을 얻느니라
33 여호와를 경외하는 것은 지혜
의 훈계라 겸손은 존귀의 길잡이
니라

28】

29】

30】

31】

32】

33】

16

1 마음의 경영은 사람에게 있어
도 말의 응답은 여호와께로부
터 나오느니라
2 사람의 행위가 자기 보기에는 모
두 깨끗하여도 여호와는 심령을
감찰하시느니라
3 너의 행사를 여호와께 맡기라 그
리하면 네가 경영하는 것이 이루

1】

2】

3】

년 월 일

어지리라
4 여호와께서 온갖 것을 그 쓰임에
적당하게 지으셨나니 악인도 악
한 날에 적당하게 하셨느니라
5 무릇 마음이 교만한 자를 여호와
께서 미워하시나니 피차 손을 잡
을지라도 벌을 면하지 못하리라
6 인자와 진리로 인하여 죄악이 속
하게 되고 여호와를 경외함으로
말미암아 악에서 떠나게 되느
니라
7 사람의 행위가 여호와를 기쁘시
게 하면 그 사람의 원수라도 그
와 더불어 화목하게 하시느니라
8 적은 소득이 공의를 겸하면 많은
소득이 불의를 겸한 것보다 나으
니라
9 사람이 마음으로 자기의 길을 계
획할지라도 그의 걸음을 인도하
시는 이는 여호와시니라
10 하나님의 말씀이 왕의 입술에 있
은즉 재판할 때에 그의 입이 그
르치지 아니하리라
11 공평한 저울과 접시 저울은 여호
와의 것이요 주머니 속의 저울추
도 다 그가 지으신 것이니라
12 악을 행하는 것은 왕들이 미워할

4】

5】

6】

7】

8】

9】

10】

11】

12】

바니 이는 그 보좌가 공의로 말
미암아 굳게 섬이니라
13 의로운 입술은 왕들이 기뻐하는
것이요 정직하게 말하는 자는 그
들의 사랑을 입느니라
14 왕의 진노는 죽음의 사자들과 같
아도 지혜로운 사람은 그것을 쉬
게 하리라
15 왕의 희색은 생명을 뜻하나니 그
의 은택이 늦은 비를 내리는 구
름과 같으니라
16 지혜를 얻는 것이 금을 얻는 것
보다 얼마나 나은고 명철을 얻는
것이 은을 얻는 것보다 더욱 나
으니라
17 악을 떠나는 것은 정직한 사람의
대로이니 자기의 길을 지키는 자
는 자기의 영혼을 보전하느니라
18 교만은 패망의 선봉이요 거만한
마음은 넘어짐의 앞잡이니라
19 겸손한 자와 함께 하여 마음을
낮추는 것이 교만한 자와 함께
하여 탈취물을 나누는 것보다 나
으니라
20 삼가 말씀에 주의하는 자는 좋은
것을 얻나니 여호와를 의지하는
자는 복이 있느니라

13】
14】
15】
16】
17】
18】
19】
20】

21 마음이 지혜로운 자는 명철하다
일컬음을 받고 입이 선한 자는
남의 학식을 더하게 하느니라
22 명철한 자에게는 그 명철이 생명
의 샘이 되거니와 미련한 자에게
는 그 미련한 것이 징계가 되느
니라
23 지혜로운 자의 마음은 그의 입을
슬기롭게 하고 또 그의 입술에
지식을 더하느니라
24 선한 말은 꿀송이 같아서 마음에
달고 뼈에 양약이 되느니라
25 어떤 길은 사람이 보기에 바르나
필경은 사망의 길이니라
26 고되게 일하는 자는 식욕으로 말
미암아 애쓰나니 이는 그의 입이
자기를 독촉함이니라
27 불량한 자는 악을 꾀하나니 그
입술에는 맹렬한 불 같은 것이
있느니라
28 패역한 자는 다툼을 일으키고 말
쟁이는 친한 벗을 이간하느니라
29 강포한 사람은 그 이웃을 꾀어
좋지 아니한 길로 인도하느니라
30 눈짓을 하는 자는 패역한 일을
도모하며 입술을 닫는 자는 악한
일을 이루느니라

21】
22】
23】
24】
25】
26】
27】
28】
29】
30】

31 백발은 영화의 면류관이라 공의
로운 길에서 얻으리라
32 노하기를 더디하는 자는 용사보
다 낫고 자기의 마음을 다스리는
자는 성을 빼앗는 자보다 나으
니라
33 제비는 사람이 뽑으나 모든 일을
작정하기는 여호와께 있느니라

## 17

1 마른 떡 한 조각만 있고도 화목
하는 것이 제육이 집에 가득하
고도 다투는 것보다 나으니라
2 슬기로운 종은 부끄러운 짓을 하
는 주인의 아들을 다스리겠고 또
형제들 중에서 유업을 나누어 얻
으리라
3 도가니는 은을, 풀무는 금을 연단
하거니와 여호와는 마음을 연단
하시느니라
4 악을 행하는 자는 사악한 입술이
하는 말을 잘 듣고 거짓말을 하는
자는 악한 혀가 하는 말에 귀를 기
울이느니라
5 가난한 자를 조롱하는 자는 그를
지으신 주를 멸시하는 자요 사람
의 재앙을 기뻐하는 자는 형벌을
면하지 못할 자니라

6 손자는 노인의 면류관이요 아비
는 자식의 영화니라
7 지나친 말을 하는 것도 미련한 자
에게 합당하지 아니하거든 하물
며 거짓말을 하는 것이 존귀한 자
에게 합당하겠느냐
8 뇌물은 그 임자가 보기에 보석 같
은즉 그가 어디로 향하든지 형통
하게 하느니라
9 허물을 덮어 주는 자는 사랑을 구
하는 자요 그것을 거듭 말하는 자
는 친한 벗을 이간하는 자니라
10 한 마디 말로 총명한 자에게 충고
하는 것이 매 백 대로 미련한 자
를 때리는 것보다 더욱 깊이 박히
느니라
11 악한 자는 반역만 힘쓰나니 그러
므로 그에게 잔인한 사자가 보냄
을 받으리라
12 차라리 새끼 빼앗긴 암곰을 만날
지언정 미련한 일을 행하는 미련
한 자를 만나지 말 것이니라
13 누구든지 악으로 선을 갚으면 악
이 그 집을 떠나지 아니하리라
14 다투는 시작은 둑에서 물이 새는
것 같은즉 싸움이 일어나기 전에
시비를 그칠 것이니라

6】

7】

8】

9】

10】

11】

12】

13】

14】

15 악인을 의롭다 하고 의인을 악하
다 하는 이 두 사람은 다 여호와께
미움을 받느니라

16 미련한 자는 무지하거늘 손에 값
을 가지고 지혜를 사려 함은 어찜
인고

17 친구는 사랑이 끊어지지 아니하
고 형제는 위급한 때를 위하여 났
느니라

18 지혜 없는 자는 남의 손을 잡고 그
의 이웃 앞에서 보증이 되느니라

19 다툼을 좋아하는 자는 죄과를 좋
아하는 자요 자기 문을 높이는 자
는 파괴를 구하는 자니라

20 마음이 굽은 자는 복을 얻지 못하
고 혀가 패역한 자는 재앙에 빠지
느니라

21 미련한 자를 낳는 자는 근심을 당
하나니 미련한 자의 아비는 낙이
없느니라

22 마음의 즐거움은 양약이라도 심
령의 근심은 뼈를 마르게 하느
니라

23 악인은 사람의 품에서 뇌물을 받
고 재판을 굽게 하느니라

24 지혜는 명철한 자 앞에 있거늘 미
련한 자는 눈을 땅 끝에 두느니라

15】

16】

17】

18】

19】

20】

21】

22】

23】

24】

25 미련한 아들은 그 아비의 근심이
되고 그 어미의 고통이 되느니라
26 의인을 벌하는 것과 귀인을 정직
하다고 때리는 것은 선하지 못하
니라
27 말을 아끼는 자는 지식이 있고 성
품이 냉철한 자는 명철하니라
28 미련한 자라도 잠잠하면 지혜로운
자로 여겨지고 그의 입술을 닫으
면 슬기로운 자로 여겨지느니라

25】

26】

27】

28】

18

1 무리에게서 스스로 갈라지는
자는 자기 소욕을 따르는 자라
온갖 참 지혜를 배척하느니라
2 미련한 자는 명철을 기뻐하지 아
니하고 자기의 의사를 드러내기
만 기뻐하느니라
3 악한 자가 이를 때에는 멸시도 따
라오고 부끄러운 것이 이를 때에
는 능욕도 함께 오느니라
4 명철한 사람의 입의 말은 깊은 물
과 같고 지혜의 샘은 솟구쳐 흐르
는 내와 같으니라
5 악인을 두둔하는 것과 재판할 때
에 의인을 억울하게 하는 것이 선
하지 아니하니라
6 미련한 자의 입술은 다툼을 일으키

1】

2】

3】

4】

5】

6】

고 그의 입은 매를 자청하느니라
7 미련한 자의 입은 그의 멸망이 되
고 그의 입술은 그의 영혼의 그물
이 되느니라
8 남의 말하기를 좋아하는 자의 말
은 별식과 같아서 뱃속 깊은 데로
내려가느니라
9 자기의 일을 게을리하는 자는 패
가하는 자의 형제니라
10 여호와의 이름은 견고한 망대라
의인은 그리로 달려가서 안전함
을 얻느니라
11 부자의 재물은 그의 견고한 성이
라 그가 높은 성벽 같이 여기느
니라
12 사람의 마음의 교만은 멸망의 선
봉이요 겸손은 존귀의 길잡이니라
13 사연을 듣기 전에 대답하는 자는
미련하여 욕을 당하느니라
14 사람의 심령은 그의 병을 능히 이
기려니와 심령이 상하면 그것을
누가 일으키겠느냐
15 명철한 자의 마음은 지식을 얻고
지혜로운 자의 귀는 지식을 구하
느니라
16 사람의 선물은 그의 길을 넓게 하
며 또 존귀한 자 앞으로 그를 인

7】
8】
9】
10】
11】
12】
13】
14】
15】
16】

도하느니라

17 송사에서는 먼저 온 사람의 말이
바른 것 같으나 그의 상대자가 와
서 밝히느니라

18 제비 뽑는 것은 다툼을 그치게 하
여 강한 자 사이에 해결하게 하느
니라

19 노엽게 한 형제와 화목하기가 견
고한 성을 취하기보다 어려운즉
이러한 다툼은 산성 문빗장 같으
니라

20 사람은 입에서 나오는 열매로 말
미암아 배부르게 되나니 곧 그의
입술에서 나는 것으로 말미암아
만족하게 되느니라

21 죽고 사는 것이 혀의 힘에 달렸나
니 혀를 쓰기 좋아하는 자는 혀의
열매를 먹으리라

22 아내를 얻는 자는 복을 얻고 여호
와께 은총을 받는 자니라

23 가난한 자는 간절한 말로 구하여도
부자는 엄한 말로 대답하느니라

24 많은 친구를 얻는 자는 해를 당하
게 되거니와 어떤 친구는 형제보
다 친밀하니라

17】

18】

19】

20】

21】

22】

23】

24】

19

1 가난하여도 성실하게 행하는 자
는 입술이 패역하고 미련한 자
보다 나으니라
2 지식 없는 소원은 선하지 못하고
발이 급한 사람은 잘못 가느니라
3 사람이 미련하므로 자기 길을 굽
게 하고 마음으로 여호와를 원망
하느니라
4 재물은 많은 친구를 더하게 하나
가난한즉 친구가 끊어지느니라
5 거짓 증인은 벌을 면하지 못할 것
이요 거짓말을 하는 자도 피하지
못하리라
6 너그러운 사람에게는 은혜를 구하
는 자가 많고 선물 주기를 좋아하
는 자에게는 사람마다 친구가 되
느니라
7 가난한 자는 그의 형제들에게도
미움을 받거든 하물며 친구야 그
를 멀리 하지 아니하겠느냐 따라
가며 말하려 할지라도 그들이 없
어졌으리라
8 지혜를 얻는 자는 자기 영혼을 사
랑하고 명철을 지키는 자는 복을
얻느니라
9 거짓 증인은 벌을 면하지 못할 것
이요 거짓말을 뱉는 자는 망할 것

1】

2】

3】

4】

5】

6】

7】

8】

9】

년 월 일

이니라
10 미련한 자가 사치하는 것이 적당
하지 못하거든 하물며 종이 방백
을 다스림이랴
11 노하기를 더디 하는 것이 사람의
슬기요 허물을 용서하는 것이 자
기의 영광이니라
12 왕의 노함은 사자의 부르짖음 같
고 그의 은택은 풀 위의 이슬 같으
니라
13 미련한 아들은 그의 아비의 재앙
이요 다투는 아내는 이어 떨어지
는 물방울이니라
14 집과 재물은 조상에게서 상속하
거니와 슬기로운 아내는 여호와
께로서 말미암느니라
15 게으름이 사람으로 깊이 잠들게
하나니 태만한 사람은 주릴 것이
니라
16 계명을 지키는 자는 자기의 영혼
을 지키거니와 자기의 행실을 삼
가지 아니하는 자는 죽으리라
17 가난한 자를 불쌍히 여기는 것은
여호와께 꾸어 드리는 것이니 그
의 선행을 그에게 갚아 주시리라
18 네가 네 아들에게 희망이 있은즉
그를 징계하되 죽일 마음은 두지

10】

11】

12】

13】

14】

15】

16】

17】

18】

말지니라

19 노하기를 맹렬히 하는 자는 벌을
받을 것이라 네가 그를 건져 주면
다시 그런 일이 생기리라

20 너는 권고를 들으며 훈계를 받으
라 그리하면 네가 필경은 지혜롭
게 되리라

21 사람의 마음에는 많은 계획이 있
어도 오직 여호와의 뜻만이 완전
히 서리라

22 사람은 자기의 인자함으로 남에
게 사모함을 받느니라 가난한 자
는 거짓말하는 자보다 나으니라

23 여호와를 경외하는 것은 사람으
로 생명에 이르게 하는 것이라 경
외하는 자는 족하게 지내고 재앙
을 당하지 아니하느니라

24 게으른 자는 자기의 손을 그릇에
넣고서도 입으로 올리기를 괴로
워하느니라

25 거만한 자를 때리라 그리하면 어
리석은 자도 지혜를 얻으리라 명
철한 자를 견책하라 그리하면 그
가 지식을 얻으리라

26 아비를 구박하고 어미를 쫓아내
는 자는 부끄러움을 끼치며 능욕
을 부르는 자식이니라

19】

20】

21】

22】

23】

24】

25】

26】

27 내 아들아 지식의 말씀에서 떠나
게 하는 교훈을 듣지 말지니라
28 망령된 증인은 정의를 업신여기
고 악인의 입은 죄악을 삼키느
니라
29 심판은 거만한 자를 위하여 예비
된 것이요 채찍은 어리석은 자의
등을 위하여 예비된 것이니라

27】
28】
29】

## 20

1 포도주는 거만하게 하는 것이
요 독주는 떠들게 하는 것이라
이에 미혹되는 자마다 지혜가 없
느니라
2 왕의 진노는 사자의 부르짖음 같
으니 그를 노하게 하는 것은 자기
의 생명을 해하는 것이니라
3 다툼을 멀리 하는 것이 사람에게
영광이거늘 미련한 자마다 다툼
을 일으키느니라
4 게으른 자는 가을에 밭 갈지 아니
하나니 그러므로 거둘 때에는 구
걸할지라도 얻지 못하리라
5 사람의 마음에 있는 모략은 깊은
물 같으니라 그럴지라도 명철한
사람은 그것을 길어 내느니라
6 많은 사람이 각기 자기의 인자함
을 자랑하나니 충성된 자를 누가

1】
2】
3】
4】
5】
6】

만날 수 있으랴
7 온전하게 행하는 자가 의인이라
그의 후손에게 복이 있느니라
8 심판 자리에 앉은 왕은 그의 눈으
로 모든 악을 흩어지게 하느니라
9 내가 내 마음을 정하게 하였다 내
죄를 깨끗하게 하였다 할 자가 누
구냐
10 한결같지 않은 저울 추와 한결같
지 않은 되는 다 여호와께서 미워
하시느니라
11 비록 아이라도 자기의 동작으로
자기 품행이 청결한 여부와 정직
한 여부를 나타내느니라
12 듣는 귀와 보는 눈은 다 여호와께
서 지으신 것이니라
13 너는 잠자기를 좋아하지 말라 네
가 빈궁하게 될까 두려우니라 네
눈을 뜨라 그리하면 양식이 족하
리라
14 물건을 사는 자가 좋지 못하다 좋
지 못하다 하다가 돌아간 후에는
자랑하느니라
15 세상에 금도 있고 진주도 많거니
와 지혜로운 입술이 더욱 귀한 보
배니라
16 타인을 위하여 보증 선 자의 옷을

7】
8】
9】
10】
11】
12】
13】
14】
15】
16】

취하라 외인들을 위하여 보증 선
자는 그의 몸을 볼모 잡을지니라
17 속이고 취한 음식물은 사람에게
맛이 좋은 듯하나 후에는 그의 입
에 모래가 가득하게 되리라
18 경영은 의논함으로 성취하나니
지략을 베풀고 전쟁할지니라
19 두루 다니며 한담하는 자는 남의
비밀을 누설하나니 입술을 벌린
자를 사귀지 말지니라
20 자기의 아비나 어미를 저주하는
자는 그의 등불이 흑암 중에 꺼짐
을 당하리라
21 처음에 속히 잡은 산업은 마침내
복이 되지 아니하느니라
22 너는 악을 갚겠다 말하지 말고 여
호와를 기다리라 그가 너를 구원
하시리라
23 한결같지 않은 저울 추는 여호와
께서 미워하시는 것이요 속이는
저울은 좋지 못한 것이니라
24 사람의 걸음은 여호와로 말미암
나니 사람이 어찌 자기의 길을 알
수 있으랴
25 함부로 이 물건은 거룩하다 하여
서원하고 그 후에 살피면 그것이
그 사람에게 덫이 되느니라

17】
18】
19】
20】
21】
22】
23】
24】
25】

26 지혜로운 왕은 악인들을 키질하
며 타작하는 바퀴를 그들 위에 굴
리느니라
27 사람의 영혼은 여호와의 등불이
라 사람의 깊은 속을 살피느니라
28 왕은 인자와 진리로 스스로 보호
하고 그의 왕위도 인자함으로 말
미암아 견고하니라
29 젊은 자의 영화는 그의 힘이요 늙
은 자의 아름다움은 백발이니라
30 상하게 때리는 것이 악을 없이하
나니 매는 사람 속에 깊이 들어가
느니라

26】

27】

28】

29】

30】

## 21

1 왕의 마음이 여호와의 손에 있
음이 마치 봇물과 같아서 그가
임의로 인도하시느니라
2 사람의 행위가 자기 보기에는 모
두 정직하여도 여호와는 마음을
감찰하시느니라
3 공의와 정의를 행하는 것은 제사
드리는 것보다 여호와께서 기쁘
게 여기시느니라
4 눈이 높은 것과 마음이 교만한 것
과 악인이 형통한 것은 다 죄니라
5 부지런한 자의 경영은 풍부함에
이를 것이나 조급한 자는 궁핍함

1】

2】

3】

4】

5】

년 월 일

에 이를 따름이니라
6 속이는 말로 재물을 모으는 것은
죽음을 구하는 것이라 곧 불려다
니는 안개니라
7 악인의 강포는 자기를 소멸하나
니 이는 정의를 행하기 싫어함이
니라
8 죄를 크게 범한 자의 길은 심히
구부러지고 깨끗한 자의 길은 곧
으니라
9 다투는 여인과 함께 큰 집에서 사
는 것보다 움막에서 사는 것이 나
으니라
10 악인의 마음은 남의 재앙을 원하
나니 그 이웃도 그 앞에서 은혜를
입지 못하느니라
11 거만한 자가 벌을 받으면 어리석
은 자도 지혜를 얻겠고 지혜로운
자가 교훈을 받으면 지식이 더하
리라
12 의로우신 자는 악인의 집을 감찰
하시고 악인을 환난에 던지시느
니라
13 귀를 막고 가난한 자가 부르짖는
소리를 듣지 아니하면 자기가 부르
짖을 때에도 들을 자가 없으리라
14 은밀한 선물은 노를 쉬게 하고 품

6】

7】

8】

9】

10】

11】

12】

13】

14】

안의 뇌물은 맹렬한 분을 그치게
하느니라
15 정의를 행하는 것이 의인에게는 즐
거움이요 죄인에게는 패망이니라
16 명철의 길을 떠난 사람은 사망의
회중에 거하리라
17 연락을 좋아하는 자는 가난하게
되고 술과 기름을 좋아하는 자는
부하게 되지 못하느니라
18 악인은 의인의 속전이 되고 사악
한 자는 정직한 자의 대신이 되느
니라
19 다투며 성내는 여인과 함께 사는
것보다 광야에서 사는 것이 나으
니라
20 지혜 있는 자의 집에는 귀한 보배
와 기름이 있으나 미련한 자는 이
것을 다 삼켜 버리느니라
21 공의와 인자를 따라 구하는 자는
생명과 공의와 영광을 얻느니라
22 지혜로운 자는 용사의 성에 올라
가서 그 성이 의지하는 방벽을 허
느니라
23 입과 혀를 지키는 자는 자기의 영
혼을 환난에서 보전하느니라
24 무례하고 교만한 자를 이름하여
망령된 자라 하나니 이는 넘치는

15】
16】
17】
18】
19】
20】
21】
22】
23】
24】

교만으로 행함이니라
25 게으른 자의 욕망이 자기를 죽이
나니 이는 자기의 손으로 일하기
를 싫어함이니라
26 어떤 자는 종일토록 탐하기만 하
나 의인은 아끼지 아니하고 베푸
느니라
27 악인의 제물은 본래 가증하거든 하
물며 악한 뜻으로 드리는 것이랴
28 거짓 증인은 패망하려니와 확실히
들은 사람의 말은 힘이 있느니라
29 악인은 자기의 얼굴을 굳게 하나
정직한 자는 자기의 행위를 삼가
느니라
30 지혜로도 못하고, 명철로도 못하
고 모략으로도 여호와를 당하지
못하느니라
31 싸울 날을 위하여 마병을 예비하거
니와 이김은 여호와께 있느니라

25】
26】
27】
28】
29】
30】
31】

22
1 많은 재물보다 명예를 택할 것
이요 은이나 금보다 은총을 더
욱 택할 것이니라
2 가난한 자와 부한 자가 함께 살거
니와 그 모두를 지으신 이는 여호
와시니라
3 슬기로운 자는 재앙을 보면 숨어

1】
2】
3】

피하여도 어리석은 자는 나가다
가 해를 받느니라
4 겸손과 여호와를 경외함의 보상
은 재물과 영광과 생명이니라
5 패역한 자의 길에는 가시와 올무
가 있거니와 영혼을 지키는 자는
이를 멀리 하느니라
6 마땅히 행할 길을 아이에게 가르
치라 그리하면 늙어도 그것을 떠
나지 아니하리라
7 부자는 가난한 자를 주관하고 빚
진 자는 채주의 종이 되느니라
8 악을 뿌리는 자는 재앙을 거두리
니 그 분노의 기세가 쇠하리라
9 선한 눈을 가진 자는 복을 받으리
니 이는 양식을 가난한 자에게 줌
이니라
10 거만한 자를 쫓아내면 다툼이 쉬
고 싸움과 수욕이 그치느니라
11 마음의 정결을 사모하는 자의 입
술에는 덕이 있으므로 임금이 그
의 친구가 되느니라
12 여호와의 눈은 지식 있는 사람을
지키시나 사악한 사람의 말은 패
하게 하시느니라
13 게으른 자는 말하기를 사자가 밖
에 있은즉 내가 나가면 거리에서

4)
5)
6)
7)
8)
9)
10)
11)
12)
13)

년 월 일

찢기겠다 하느니라
14 음녀의 입은 깊은 함정이라 여호
와의 노를 당한 자는 거기 빠지
리라
15 아이의 마음에는 미련한 것이 얽
혔으나 징계하는 채찍이 이를 멀
리 쫓아내리라
16 이익을 얻으려고 가난한 자를 학
대하는 자와 부자에게 주는 자는
가난하여질 뿐이니라
17 ○ 너는 귀를 기울여 지혜 있는 자
의 말씀을 들으며 내 지식에 마음
을 둘지어다
18 이것을 네 속에 보존하며 네 입술
위에 함께 있게 함이 아름다우니라
19 내가 네게 여호와를 의뢰하게 하
려 하여 이것을 오늘 특별히 네게
알게 하였노니
20 내가 모략과 지식의 아름다운 것
을 너를 위해 기록하여
21 네가 진리의 확실한 말씀을 깨닫
게 하며 또 너를 보내는 자에게 진
리의 말씀으로 회답하게 하려 함
이 아니냐
22 ○ 약한 자를 그가 약하다고 탈취
하지 말며 곤고한 자를 성문에서
압제하지 말라

14】

15】

16】

17】

18】

19】

20】

21】

22】

23 대저 여호와께서 신원하여 주시
고 또 그를 노략하는 자의 생명을
빼앗으시리라
24 노를 품는 자와 사귀지 말며 울분
한 자와 동행하지 말지니
25 그의 행위를 본받아 네 영혼을 올
무에 빠뜨릴까 두려움이니라
26 너는 사람과 더불어 손을 잡지 말
며 남의 빚에 보증을 서지 말라
27 만일 갚을 것이 네게 없으면 네 누
운 침상도 빼앗길 것이라 네가 어
찌 그리하겠느냐
28 네 선조가 세운 옛 지계석을 옮기
지 말지니라
29 네가 자기의 일에 능숙한 사람을
보았느냐 이러한 사람은 왕 앞에
설 것이요 천한 자 앞에 서지 아
니하리라

## 23

1 네가 관원과 함께 앉아 음식을
먹게 되거든 삼가 네 앞에 있는
자가 누구인지를 생각하며
2 네가 만일 음식을 탐하는 자이거
든 네 목에 칼을 둘 것이니라
3 그의 맛있는 음식을 탐하지 말라
그것은 속이는 음식이니라
4 부자 되기에 애쓰지 말고 네 사사

로운 지혜를 버릴지어다
5 네가 어찌 허무한 것에 주목하겠
느냐 정녕히 재물은 스스로 날개
를 내어 하늘을 나는 독수리처럼
날아가리라
6 악한 눈이 있는 자의 음식을 먹지
말며 그의 맛있는 음식을 탐하지
말지어다
7 대저 그 마음의 생각이 어떠하면
그 위인도 그러한즉 그가 네게 먹
고 마시라 할지라도 그의 마음은
너와 함께 하지 아니함이라
8 네가 조금 먹은 것도 토하겠고 네
아름다운 말도 헛된 데로 돌아가
리라
9 미련한 자의 귀에 말하지 말지니
이는 그가 네 지혜로운 말을 업신
여길 것임이니라
10 옛 지계석을 옮기지 말며 고아들
의 밭을 침범하지 말지어다
11 대저 그들의 구속자는 강하시니
그가 너를 대적하여 그들의 원한
을 풀어 주시리라
12 훈계에 착심하며 지식의 말씀에
귀를 기울이라
13 아이를 훈계하지 아니하려고 하
지 말라 채찍으로 그를 때릴지라

5】

6】

7】

8】

9】

10】

11】

12】

13】

도 그가 죽지 아니하리라
14 네가 그를 채찍으로 때리면 그의
영혼을 스올에서 구원하리라
15 내 아들아 만일 네 마음이 지혜로
우면 나 곧 내 마음이 즐겁겠고
16 만일 네 입술이 정직을 말하면 내
속이 유쾌하리라
17 네 마음으로 죄인의 형통을 부러
워하지 말고 항상 여호와를 경외
하라
18 정녕히 네 장래가 있겠고 네 소망
이 끊어지지 아니하리라
19 내 아들아 너는 듣고 지혜를 얻
어 네 마음을 바른 길로 인도할
지니라
20 술을 즐겨 하는 자들과 고기를 탐
하는 자들과도 더불어 사귀지 말라
21 술 취하고 음식을 탐하는 자는 가
난하여질 것이요 잠 자기를 즐겨
하는 자는 해어진 옷을 입을 것임
이니라
22 너를 낳은 아비에게 청종하고 네
늙은 어미를 경히 여기지 말지
니라
23 진리를 사되 팔지는 말며 지혜와
훈계와 명철도 그리할지니라
24 의인의 아비는 크게 즐거울 것이

14】
15】
16】
17】
18】
19】
20】
21】
22】
23】
24】

요 지혜로운 자식을 낳은 자는 그
로 말미암아 즐거울 것이니라
25 네 부모를 즐겁게 하며 너를 낳은
어미를 기쁘게 하라
26 내 아들아 네 마음을 내게 주며 네
눈으로 내 길을 즐거워할지어다
27 대저 음녀는 깊은 구덩이요 이방
여인은 좁은 함정이라
28 참으로 그는 강도 같이 매복하며
사람들 중에 사악한 자가 많아지
게 하느니라
29 재앙이 뉘게 있느뇨 근심이 뉘게
있느뇨 분쟁이 뉘게 있느뇨 원망
이 뉘게 있느뇨 까닭 없는 상처가
뉘게 있느뇨 붉은 눈이 뉘게 있
느뇨
30 술에 잠긴 자에게 있고 혼합한 술
을 구하러 다니는 자에게 있느
니라
31 포도주는 붉고 잔에서 번쩍이며
순하게 내려가나니 너는 그것을
보지도 말지어다
32 그것이 마침내 뱀 같이 물 것이요
독사 같이 쏠 것이며
33 또 네 눈에는 괴이한 것이 보일 것
이요 네 마음은 구부러진 말을 할
것이며

25】

26】

27】

28】

29】

30】

31】

32】

33】

34 너는 바다 가운데에 누운 자 같을
것이요 돛대 위에 누운 자 같을 것
이며
35 네가 스스로 말하기를 사람이 나
를 때려도 나는 아프지 아니하고
나를 상하게 하여도 내게 감각이
없도다 내가 언제나 깰까 다시 술
을 찾겠다 하리라

34】

35】

24 1 너는 악인의 형통함을 부러워
하지 말며 그와 함께 있으려고
하지도 말지어다
2 그들의 마음은 강포를 품고 그들
의 입술은 재앙을 말함이니라
3 집은 지혜로 말미암아 건축되고
명철로 말미암아 견고하게 되며
4 또 방들은 지식으로 말미암아 각
종 귀하고 아름다운 보배로 채우
게 되느니라
5 지혜 있는 자는 강하고 지식 있는
자는 힘을 더하나니
6 너는 전략으로 싸우라 승리는 지
략이 많음에 있느니라
7 지혜는 너무 높아서 미련한 자가
미치지 못할 것이므로 그는 성문
에서 입을 열지 못하느니라
8 악행하기를 꾀하는 자를 일컬어

1】

2】

3】

4】

5】

6】

7】

8】

사악한 자라 하느니라
9 미련한 자의 생각은 죄요 거만한
자는 사람에게 미움을 받느니라
10 네가 만일 환난 날에 낙담하면 네
힘이 미약함을 보임이니라
11 너는 사망으로 끌려가는 자를 건
져 주며 살륙을 당하게 된 자를 구
원하지 아니하려고 하지 말라
12 네가 말하기를 나는 그것을 알지
못하였노라 할지라도 마음을 저
울질 하시는 이가 어찌 통찰하지
못하시겠으며 네 영혼을 지키시
는 이가 어찌 알지 못하시겠느냐
그가 각 사람의 행위대로 보응하
시리라
13 내 아들아 꿀을 먹으라 이것이 좋
으니라 송이꿀을 먹으라 이것이
네 입에 다니라
14 지혜가 네 영혼에게 이와 같은 줄
을 알라 이것을 얻으면 정녕히 네
장래가 있겠고 네 소망이 끊어지
지 아니하리라
15 악한 자여 의인의 집을 엿보지 말
며 그가 쉬는 처소를 헐지 말지
니라
16 대저 의인은 일곱 번 넘어질지라
도 다시 일어나려니와 악인은 재

9】

10】

11】

12】

13】

14】

15】

16】

앙으로 말미암아 엎드러지느니라
17 네 원수가 넘어질 때에 즐거워하
지 말며 그가 엎드러질 때에 마음
에 기뻐하지 말라
18 여호와께서 이것을 보시고 기뻐
하지 아니하사 그의 진노를 그에
게서 옮기실까 두려우니라
19 너는 행악자들로 말미암아 분을
품지 말며 악인의 형통함을 부러
워하지 말라
20 대저 행악자는 장래가 없겠고 악
인의 등불은 꺼지리라
21 내 아들아 여호와와 왕을 경외하
고 반역자와 더불어 사귀지 말라
22 대저 그들의 재앙은 속히 임하리
니 그 둘의 멸망을 누가 알랴
23 ○ 이것도 지혜로운 자들의 말씀이라
○ 재판할 때에 낯을 보아 주는 것
이 옳지 못하니라
24 악인에게 네가 옳다 하는 자는 백
성에게 저주를 받을 것이요 국민
에게 미움을 받으려니와
25 오직 그를 견책하는 자는 기쁨을
얻을 것이요 또 좋은 복을 받으
리라
26 적당한 말로 대답함은 입맞춤과
같으니라

17】

18】

19】

20】

21】

22】

23】

24】

25】

26】

27 네 일을 밖에서 다스리며 너를 위
하여 밭에서 준비하고 그 후에 네
집을 세울지니라
28 너는 까닭 없이 네 이웃을 쳐서 증
인이 되지 말며 네 입술로 속이지
말지니라
29 너는 그가 내게 행함 같이 나도 그
에게 행하여 그가 행한 대로 그 사
람에게 갚겠다 말하지 말지니라
30 내가 게으른 자의 밭과 지혜 없는
자의 포도원을 지나며 본즉
31 가시덤불이 그 전부에 퍼졌으며
그 지면이 거친 풀로 덮였고 돌담
이 무너져 있기로
32 내가 보고 생각이 깊었고 내가 보
고 훈계를 받았노라
33 네가 좀더 자자, 좀더 졸자, 손을
모으고 좀더 누워 있자 하니
34 네 빈궁이 강도 같이 오며 네 곤핍
이 군사 같이 이르리라

27】

28】

29】

30】

31】

32】

33】

34】

솔로몬의 잠언

25

1 이것도 솔로몬의 잠언이요 유
다 왕 히스기야의 신하들이 편
집한 것이니라
2 ○ 일을 숨기는 것은 하나님의 영
화요 일을 살피는 것은 왕의 영화

1】

2】

니라
3 하늘의 높음과 땅의 깊음 같이 왕
의 마음은 헤아릴 수 없느니라
4 은에서 찌꺼기를 제하라 그리하
면 장색의 쓸 만한 그릇이 나올
것이요
5 왕 앞에서 악한 자를 제하라 그리
하면 그의 왕위가 의로 말미암아
견고히 서리라
6 왕 앞에서 스스로 높은 체하지 말
며 대인들의 자리에 서지 말라
7 이는 사람이 네게 이리로 올라오
라고 말하는 것이 네 눈에 보이는
귀인 앞에서 저리로 내려가라고
말하는 것보다 나음이니라
8 너는 서둘러 나가서 다투지 말라
마침내 네가 이웃에게서 욕을 보
게 될 때에 네가 어찌할 줄을 알지
못할까 두려우니라
9 너는 이웃과 다투거든 변론만 하
고 남의 은밀한 일은 누설하지
말라
10 듣는 자가 너를 꾸짖을 터이요 또
네게 대한 악평이 네게서 떠나지
아니할까 두려우니라
11 경우에 합당한 말은 아로새긴 은
쟁반에 금 사과니라

3】

4】

5】

6】

7】

8】

9】

10】

11】

12 슬기로운 자의 책망은 청종하는
귀에 금 고리와 정금 장식이니라
13 충성된 사자는 그를 보낸 이에게
마치 추수하는 날에 얼음 냉수 같
아서 능히 그 주인의 마음을 시원
하게 하느니라
14 선물한다고 거짓 자랑하는 자는
비 없는 구름과 바람 같으니라
15 오래 참으면 관원도 설득할 수
있나니 부드러운 혀는 뼈를 꺾느
니라
16 너는 꿀을 보거든 족하리만큼 먹
으라 과식함으로 토할까 두려우
니라
17 너는 이웃집에 자주 다니지 말라
그가 너를 싫어하며 미워할까 두
려우니라
18 자기의 이웃을 쳐서 거짓 증거하
는 사람은 방망이요 칼이요 뾰족
한 화살이니라
19 환난 날에 진실하지 못한 자를 의
뢰하는 것은 부러진 이와 위골된
발 같으니라
20 마음이 상한 자에게 노래하는 것
은 추운 날에 옷을 벗음 같고 소다
위에 식초를 부음 같으니라
21 네 원수가 배고파하거든 음식을

12】

13】

14】

15】

16】

17】

18】

19】

20】

21】

먹이고 목말라하거든 물을 마시
게 하라
22 그리 하는 것은 핀 숯을 그의 머리
에 놓는 것과 일반이요 여호와께
서 네게 갚아 주시리라
23 북풍이 비를 일으킴 같이 참소하
는 혀는 사람의 얼굴에 분을 일으
키느니라
24 다투는 여인과 함께 큰 집에서 사
는 것보다 움막에서 혼자 사는 것
이 나으니라
25 먼 땅에서 오는 좋은 기별은 목마
른 사람에게 냉수와 같으니라
26 의인이 악인 앞에 굴복하는 것은
우물이 흐려짐과 샘이 더러워짐
과 같으니라
27 꿀을 많이 먹는 것이 좋지 못하고
자기의 영예를 구하는 것이 헛되
니라
28 자기의 마음을 제어하지 아니하
는 자는 성읍이 무너지고 성벽이
없는 것과 같으니라

22】

23】

24】

25】

26】

27】

28】

26

1 미련한 자에게는 영예가 적당
하지 아니하니 마치 여름에 눈
오는 것과 추수 때에 비 오는 것
같으니라

1】

2 까닭 없는 저주는 참새가 떠도는
것과 제비가 날아가는 것 같이 이
루어지지 아니하느니라
3 말에게는 채찍이요 나귀에게는
재갈이요 미련한 자의 등에는 막
대기니라
4 미련한 자의 어리석은 것을 따라
대답하지 말라 두렵건대 너도 그
와 같을까 하노라
5 미련한 자에게는 그의 어리석음
을 따라 대답하라 두렵건대 그가
스스로 지혜롭게 여길까 하노라
6 미련한 자 편에 기별하는 것은 자
기의 발을 베어 버림과 해를 받음
과 같으니라
7 저는 자의 다리는 힘 없이 달렸나
니 미련한 자의 입의 잠언도 그러
하니라
8 미련한 자에게 영예를 주는 것은
돌을 물매에 매는 것과 같으니라
9 미련한 자의 입의 잠언은 술 취한
자가 손에 든 가시나무 같으니라
10 장인이 온갖 것을 만들지라도 미
련한 자를 고용하는 것은 지나가
는 행인을 고용함과 같으니라
11 개가 그 토한 것을 도로 먹는 것
같이 미련한 자는 그 미련한 것을

2】
3】
4】
5】
6】
7】
8】
9】
10】
11】

거듭 행하느니라
12 네가 스스로 지혜롭게 여기는 자
를 보느냐 그보다 미련한 자에게
오히려 희망이 있느니라
13 게으른 자는 길에 사자가 있다 거
리에 사자가 있다 하느니라
14 문짝이 돌쩌귀를 따라서 도는 것
같이 게으른 자는 침상에서 도느
니라
15 게으른 자는 그 손을 그릇에 넣
고도 입으로 올리기를 괴로워하
느니라
16 게으른 자는 사리에 맞게 대답하
는 사람 일곱보다 자기를 지혜롭
게 여기느니라
17 길로 지나가다가 자기와 상관 없
는 다툼을 간섭하는 자는 개의 귀
를 잡는 자와 같으니라
18 횃불을 던지며 화살을 쏘아서 사
람을 죽이는 미친 사람이 있나니
19 자기의 이웃을 속이고 말하기를
내가 희롱하였노라 하는 자도 그
러하니라
20 나무가 다하면 불이 꺼지고 말쟁
이가 없어지면 다툼이 쉬느니라
21 숯불 위에 숯을 더하는 것과 타는
불에 나무를 더하는 것 같이 다툼

12】
13】
14】
15】
16】
17】
18】
19】
20】
21】

을 좋아하는 자는 시비를 일으키
느니라
22 남의 말 하기를 좋아하는 자의 말
은 별식과 같아서 뱃속 깊은 데로
내려가느니라
23 온유한 입술에 악한 마음은 낮은
은을 입힌 토기니라
24 원수는 입술로는 꾸미고 속으로
는 속임을 품나니
25 그 말이 좋을지라도 믿지 말 것은
그 마음에 일곱 가지 가증한 것이
있음이니라
26 속임으로 그 미움을 감출지라도
그의 악이 회중 앞에 드러나리라
27 함정을 파는 자는 그것에 빠질 것
이요 돌을 굴리는 자는 도리어 그
것에 치이리라
28 거짓말 하는 자는 자기가 해한 자
를 미워하고 아첨하는 입은 패망
을 일으키느니라

22】

23】

24】

25】

26】

27】

28】

## 27

1 너는 내일 일을 자랑하지 말라
하루 동안에 무슨 일이 일어날
는지 네가 알 수 없음이니라
2 타인이 너를 칭찬하게 하고 네 입
으로는 하지 말며 외인이 너를 칭
찬하게 하고 네 입술로는 하지 말

1】

2】

지니라

3 돌은 무겁고 모래도 가볍지 아니
하거니와 미련한 자의 분노는 이
둘보다 무거우니라

4 분은 잔인하고 노는 창수 같거니
와 투기 앞에야 누가 서리요

5 면책은 숨은 사랑보다 나으니라

6 친구의 아픈 책망은 충직으로 말
미암는 것이나 원수의 잦은 입맞
춤은 거짓에서 난 것이니라

7 배부른 자는 꿀이라도 싫어하고 주
린 자에게는 쓴 것이라도 다니라

8 고향을 떠나 유리하는 사람은 보
금자리를 떠나 떠도는 새와 같으
니라

9 기름과 향이 사람의 마음을 즐겁
게 하나니 친구의 충성된 권고가
이와 같이 아름다우니라

10 네 친구와 네 아비의 친구를 버리
지 말며 네 환난 날에 형제의 집
에 들어가지 말지어다 가까운 이
웃이 먼 형제보다 나으니라

11 내 아들아 지혜를 얻고 내 마음을
기쁘게 하라 그리하면 나를 비방
하는 자에게 내가 대답할 수 있으
리라

12 슬기로운 자는 재앙을 보면 숨어

3】

4】

5】

6】

7】

8】

9】

10】

11】

12】

피하여도 어리석은 자들은 나가
다가 해를 받느니라
13 타인을 위하여 보증 선 자의 옷을
취하라 외인들을 위하여 보증 선
자는 그의 몸을 볼모 잡을지니라
14 이른 아침에 큰 소리로 자기 이웃
을 축복하면 도리어 저주 같이 여
기게 되리라
15 다투는 여자는 비 오는 날에 이어
떨어지는 물방울이라
16 그를 제어하기가 바람을 제어하
는 것 같고 오른손으로 기름을 움
키는 것 같으니라
17 철이 철을 날카롭게 하는 것 같이
사람이 그의 친구의 얼굴을 빛나
게 하느니라
18 무화과나무를 지키는 자는 그 과
실을 먹고 자기 주인에게 시중드
는 자는 영화를 얻느니라
19 물에 비치면 얼굴이 서로 같은 것
같이 사람의 마음도 서로 비치느
니라
20 스올과 아바돈은 만족함이 없고
사람의 눈도 만족함이 없느니라
21 도가니로 은을, 풀무로 금을, 칭찬
으로 사람을 단련하느니라
22 미련한 자를 곡물과 함께 절구에

13】

14】

15】

16】

17】

18】

19】

20】

21】

22】

넣고 공이로 찧을지라도 그의 미
련은 벗겨지지 아니하느니라
23 ○ 네 양 떼의 형편을 부지런히 살
피며 네 소 떼에게 마음을 두라
24 대저 재물은 영원히 있지 못하나
니 면류관이 어찌 대대에 있으랴
25 풀을 벤 후에는 새로 움이 돋나니
산에서 꼴을 거둘 것이니라
26 어린 양의 털은 네 옷이 되며 염소
는 밭을 사는 값이 되며
27 염소의 젖은 넉넉하여 너와 네 집
의 음식이 되며 네 여종의 먹을 것
이 되느니라

23】
24】
25】
26】
27】

## 28

1 악인은 쫓아오는 자가 없어도
도망하나 의인은 사자 같이 담
대하니라
2 나라는 죄가 있으면 주관자가 많
아져도 명철과 지식 있는 사람으
로 말미암아 장구하게 되느니라
3 가난한 자를 학대하는 가난한 자
는 곡식을 남기지 아니하는 폭우
같으니라
4 율법을 버린 자는 악인을 칭찬하
나 율법을 지키는 자는 악인을 대
적하느니라
5 악인은 정의를 깨닫지 못하나 여

1】
2】
3】
4】
5】

호와를 찾는 자는 모든 것을 깨닫
느니라
6 가난하여도 성실하게 행하는 자
는 부유하면서 굽게 행하는 자보
다 나으니라
7 율법을 지키는 자는 지혜로운 아
들이요 음식을 탐하는 자와 사귀
는 자는 아비를 욕되게 하는 자
니라
8 중한 변리로 자기 재산을 늘이는
것은 가난한 사람을 불쌍히 여기
는 자를 위해 그 재산을 저축하는
것이니라
9 사람이 귀를 돌려 율법을 듣지 아
니하면 그의 기도도 가증하니라
10 정직한 자를 악한 길로 유인하는
자는 스스로 자기 함정에 빠져도
성실한 자는 복을 받느니라
11 부자는 자기를 지혜롭게 여기나
가난해도 명철한 자는 자기를 살
펴 아느니라
12 의인이 득의하면 큰 영화가 있고
악인이 일어나면 사람이 숨느니라
13 자기의 죄를 숨기는 자는 형통하
지 못하나 죄를 자복하고 버리는
자는 불쌍히 여김을 받으리라
14 항상 경외하는 자는 복되거니와

6】

7】

8】

9】

10】

11】

12】

13】

14】

마음을 완악하게 하는 자는 재앙
에 빠지리라
15 가난한 백성을 압제하는 악한 관
원은 부르짖는 사자와 주린 곰 같
으니라
16 무지한 치리자는 포학을 크게 행
하거니와 탐욕을 미워하는 자는
장수하리라
17 사람의 피를 흘린 자는 함정으로
달려갈 것이니 그를 막지 말지
니라
18 성실하게 행하는 자는 구원을 받
을 것이나 굽은 길로 행하는 자는
곧 넘어지리라
19 자기의 토지를 경작하는 자는 먹
을 것이 많으려니와 방탕을 따르
는 자는 궁핍함이 많으리라
20 충성된 자는 복이 많아도 속히 부
하고자 하는 자는 형벌을 면하지
못하리라
21 사람의 낯을 보아 주는 것이 좋
지 못하고 한 조각 떡으로 말미암
아 사람이 범법하는 것도 그러하
니라
22 악한 눈이 있는 자는 재물을 얻기
에만 급하고 빈궁이 자기에게로
임할 줄은 알지 못하느니라

15】

16】

17】

18】

19】

20】

21】

22】

23 사람을 경책하는 자는 혀로 아첨
하는 자보다 나중에 더욱 사랑을
받느니라
24 부모의 물건을 도둑질하고서도
죄가 아니라 하는 자는 멸망 받게
하는 자의 동류니라
25 욕심이 많은 자는 다툼을 일으키
나 여호와를 의지하는 자는 풍족
하게 되느니라
26 자기의 마음을 믿는 자는 미련한
자요 지혜롭게 행하는 자는 구원
을 얻을 자니라
27 가난한 자를 구제하는 자는 궁핍
하지 아니하려니와 못 본 체하는
자에게는 저주가 크리라
28 악인이 일어나면 사람이 숨고 그
가 멸망하면 의인이 많아지느니라

23】
24】
25】
26】
27】
28】

29

1 자주 책망을 받으면서도 목이
곧은 사람은 갑자기 패망을 당
하고 피하지 못하리라
2 의인이 많아지면 백성이 즐거워
하고 악인이 권세를 잡으면 백성
이 탄식하느니라
3 지혜를 사모하는 자는 아비를 즐
겁게 하여도 창기와 사귀는 자는
재물을 잃느니라

1】
2】
3】

4 왕은 정의로 나라를 견고하게 하
나 뇌물을 억지로 내게 하는 자는
나라를 멸망시키느니라
5 이웃에게 아첨하는 것은 그의 발
앞에 그물을 치는 것이니라
6 악인이 범죄하는 것은 스스로 올
무가 되게 하는 것이나 의인은 노
래하고 기뻐하느니라
7 의인은 가난한 자의 사정을 알아
주나 악인은 알아 줄 지식이 없느
니라
8 거만한 자는 성읍을 요란하게 하
여도 슬기로운 자는 노를 그치게
하느니라
9 지혜로운 자와 미련한 자가 다투
면 지혜로운 자가 노하든지 웃든
지 그 다툼은 그침이 없느니라
10 피 흘리기를 좋아하는 자는 온전
한 자를 미워하고 정직한 자의 생
명을 찾느니라
11 어리석은 자는 자기의 노를 다 드
러내어도 지혜로운 자는 그것을
억제하느니라
12 관원이 거짓말을 들으면 그의 하
인들은 다 악하게 되느니라
13 가난한 자와 포학한 자가 섞여 살
거니와 여호와께서는 그 모두의

4】

5】

6】

7】

8】

9】

10】

11】

12】

13】

눈에 빛을 주시느니라

14 왕이 가난한 자를 성실히 신원하
면 그의 왕위가 영원히 견고하
리라

15 채찍과 꾸지람이 지혜를 주거늘
임의로 행하게 버려 둔 자식은 어
미를 욕되게 하느니라

16 악인이 많아지면 죄도 많아지나
니 의인은 그들의 망함을 보리라

17 네 자식을 징계하라 그리하면 그
가 너를 평안하게 하겠고 또 네 마
음에 기쁨을 주리라

18 묵시가 없으면 백성이 방자히 행
하거니와 율법을 지키는 자는 복
이 있느니라

19 종은 말로만 하면 고치지 아니하
나니 이는 그가 알고도 따르지 아
니함이니라

20 네가 말이 조급한 사람을 보느냐
그보다 미련한 자에게 오히려 희
망이 있느니라

21 종을 어렸을 때부터 곱게 양육하면
그가 나중에는 자식인 체하리라

22 노하는 자는 다툼을 일으키고 성
내는 자는 범죄함이 많으니라

23 사람이 교만하면 낮아지게 되겠
고 마음이 겸손하면 영예를 얻으

14】

15】

16】

17】

18】

19】

20】

21】

22】

23】

리라
24 도둑과 짝하는 자는 자기의 영혼
을 미워하는 자라 그는 저주를 들
어도 진술하지 아니하느니라
25 사람을 두려워하면 올무에 걸리
게 되거니와 여호와를 의지하는
자는 안전하리라
26 주권자에게 은혜를 구하는 자가
많으나 사람의 일의 작정은 여호
와께로 말미암느니라
27 불의한 자는 의인에게 미움을 받
고 바르게 행하는 자는 악인에게
미움을 받느니라

24】

25】

26】

27】

아굴의 잠언

**30** 1 이 말씀은 야게의 아들 아굴의
잠언이니 그가 이디엘 곧 이디
엘과 우갈에게 이른 것이니라
2 ○ 나는 다른 사람에게 비하면 짐
2 승이라 내게는 사람의 총명이 있
지 아니하니라
3 나는 지혜를 배우지 못하였고 또
거룩하신 자를 아는 지식이 없거
니와
4 하늘에 올라갔다가 내려온 자가
누구인지, 바람을 그 장중에 모은
자가 누구인지, 물을 옷에 싼 자가

1】

2】

3】

4】

누구인지, 땅의 모든 끝을 정한 자
가 누구인지, 그의 이름이 무엇인
지, 그의 아들의 이름이 무엇인지
너는 아느냐
5 ○ 하나님의 말씀은 다 순전하며
하나님은 그를 의지하는 자의 방
패시니라
6 너는 그의 말씀에 더하지 말라 그
가 너를 책망하시겠고 너는 거짓
말하는 자가 될까 두려우니라
7 ○ 내가 두 가지 일을 주께 구하였
사오니 내가 죽기 전에 내게 거절
하지 마시옵소서
8 곧 헛된 것과 거짓말을 내게서 멀
리 하옵시며 나를 가난하게도 마
옵시고 부하게도 마옵시고 오직
필요한 양식으로 나를 먹이시옵
소서
9 혹 내가 배불러서 하나님을 모른
다 여호와가 누구냐 할까 하오며
혹 내가 가난하여 도둑질하고 내
하나님의 이름을 욕되게 할까 두
려워함이니이다
10 ○ 너는 종을 그의 상전에게 비방
하지 말라 그가 너를 저주하겠고
너는 죄책을 당할까 두려우니라
11 ○ 아비를 저주하며 어미를 축복

5】
6】
7】
8】
9】
10】
11】

하지 아니하는 무리가 있느니라
12 스스로 깨끗한 자로 여기면서도
자기의 더러운 것을 씻지 아니하
는 무리가 있느니라
13 눈이 심히 높으며 눈꺼풀이 높이
들린 무리가 있느니라
14 앞니는 장검 같고 어금니는 군도
같아서 가난한 자를 땅에서 삼키
며 궁핍한 자를 사람 중에서 삼키
는 무리가 있느니라
15 ○ 거머리에게는 두 딸이 있어 다
오 다오 하느니라 족한 줄을 알지
못하여 족하다 하지 아니하는 것
서넛이 있나니
16 곧 스올과 아이 배지 못하는 태와
물로 채울 수 없는 땅과 족하다 하
지 아니하는 불이니라
17 ○ 아비를 조롱하며 어미 순종하
기를 싫어하는 자의 눈은 골짜기
의 까마귀에게 쪼이고 독수리 새
끼에게 먹히리라
18 ○ 내가 심히 기이히 여기고도 깨
닫지 못하는 것 서넛이 있나니
19 곧 공중에 날아다니는 독수리의
자취와 반석 위로 기어 다니는 뱀
의 자취와 바다로 지나다니는 배
의 자취와 남자가 여자와 함께 한

12】

13】

14】

15】

16】

17】

18】

19】

자취며
20 음녀의 자취도 그러하니라 그가
먹고 그의 입을 씻음 같이 말하기
를 내가 악을 행하지 아니하였다
하느니라
21 ○ 세상을 진동시키며 세상이 견딜
수 없게 하는 것 서넛이 있나니
22 곧 종이 임금된 것과 미련한 자가
음식으로 배부른 것과
23 미움 받는 여자가 시집 간 것과 여
종이 주모를 이은 것이니라
24 ○ 땅에 작고도 가장 지혜로운 것
넷이 있나니
25 곧 힘이 없는 종류로되 먹을 것을
여름에 준비하는 개미와
26 약한 종류로되 집을 바위 사이에
짓는 사반과
27 임금이 없으되 다 떼를 지어 나아
가는 메뚜기와
28 손에 잡힐 만하여도 왕궁에 있는
도마뱀이니라
29 ○ 잘 걸으며 위풍 있게 다니는 것
서넛이 있나니
30 곧 짐승 중에 가장 강하여 아무
짐승 앞에서도 물러가지 아니하
는 사자와
31 사냥개와 숫염소와 및 당할 수 없

20】

21】

22】

23】

24】

25】

26】

27】

28】

29】

30】

31】

는 왕이니라
32 ○ 만일 네가 미련하여 스스로 높
은 체하였거나 혹 악한 일을 도모
하였거든 네 손으로 입을 막으라
33 대저 젖을 저으면 엉긴 젖이 되고
코를 비틀면 피가 나는 것 같이 노
를 격동하면 다툼이 남이니라

32】

33】

르무엘 왕을 훈계한 잠언

31 1 르무엘 왕이 말씀한 바 곧 그
의 어머니가 그를 훈계한 잠언
이라
2 ○ 내 아들아 내가 무엇을 말하랴
내 태에서 난 아들아 내가 무엇을
말하랴 서원대로 얻은 아들아 내
가 무엇을 말하랴
3 네 힘을 여자들에게 쓰지 말며 왕
들을 멸망시키는 일을 행하지 말
지어다
4 르무엘아 포도주를 마시는 것이
왕들에게 마땅하지 아니하고 왕
들에게 마땅하지 아니하며 독주
를 찾는 것이 주권자들에게 마땅
하지 않도다
5 술을 마시다가 법을 잊어버리고
모든 곤고한 자들의 송사를 굽게
할까 두려우니라

1】

2】

3】

4】

5】

6 독주는 죽게 된 자에게, 포도주는
마음에 근심하는 자에게 줄지어다
7 그는 마시고 자기의 빈궁한 것을
잊어버리겠고 다시 자기의 고통
을 기억하지 아니하리라
8 너는 말 못하는 자와 모든 고독한
자의 송사를 위하여 입을 열지
니라
9 너는 입을 열어 공의로 재판하여
곤고한 자와 궁핍한 자를 신원할
지니라

현숙한 아내

10 ○ 누가 현숙한 여인을 찾아 얻겠느
냐 그의 값은 진주보다 더 하니라
11 그런 자의 남편의 마음은 그를 믿
나니 산업이 핍절하지 아니하겠
으며
12 그런 자는 살아 있는 동안에 그의
남편에게 선을 행하고 악을 행하
지 아니하느니라
13 그는 양털과 삼을 구하여 부지런
히 손으로 일하며
14 상인의 배와 같아서 먼 데서 양식
을 가져 오며
15 밤이 새기 전에 일어나서 자기 집
안 사람들에게 음식을 나누어 주며
여종들에게 일을 정하여 맡기며

6】

7】

8】

9】

10】

11】

12】

13】

14】

15】

16 발을 살펴 보고 사며 자기의 손으
로 번 것을 가지고 포도원을 일
구며
17 힘 있게 허리를 묶으며 자기의 팔
을 강하게 하며
18 자기의 장사가 잘 되는 줄을 깨닫
고 밤에 등불을 끄지 아니하며
19 손으로 솜뭉치를 들고 손가락으
로 가락을 잡으며
20 그는 곤고한 자에게 손을 펴며 궁
핍한 자를 위하여 손을 내밀며
21 자기 집 사람들은 다 홍색 옷을
입었으므로 눈이 와도 그는 자기
집 사람들을 위하여 염려하지 아
니하며
22 그는 자기를 위하여 아름다운 이
불을 지으며 세마포와 자색 옷을
입으며
23 그의 남편은 그 땅의 장로들과 함
께 성문에 앉으며 사람들의 인정
을 받으며
24 그는 베로 옷을 지어 팔며 띠를 만
들어 상인들에게 맡기며
25 능력과 존귀로 옷을 삼고 후일을
웃으며
26 입을 열어 지혜를 베풀며 그의 혀
로 인애의 법을 말하며

16】

17】

18】

19】

20】

21】

22】

23】

24】

25】

26】

| | |
|---|---|
| 27 자기의 집안 일을 보살피고 게을리 얻은 양식을 먹지 아니하나니 | 27】 |
| 28 그의 자식들은 일어나 감사하며 그의 남편은 칭찬하기를 | 28】 |
| 29 덕행 있는 여자가 많으나 그대는 모든 여자보다 뛰어나다 하느니라 | 29】 |
| 30 고운 것도 거짓되고 아름다운 것도 헛되나 오직 여호와를 경외하는 여자는 칭찬을 받을 것이라 | 30】 |
| 31 그 손의 열매가 그에게로 돌아갈 것이요 그 행한 일로 말미암아 성문에서 칭찬을 받으리라 | 31】 |

모든 지킬 만한 것 중에 더욱 네 마음을
지키라 생명의 근원이 이에서 남이니라
(잠 4:23)

# 전도서

모든 것이 헛되다

1
1 다윗의 아들 예루살렘 왕 전도
자의 말씀이라
2 ○ 전도자가 이르되 헛되고 헛되며
헛되고 헛되니 모든 것이 헛되도다
3 해 아래에서 수고하는 모든 수고
가 사람에게 무엇이 유익한가
4 한 세대는 가고 한 세대는 오되 땅
은 영원히 있도다
5 해는 뜨고 해는 지되 그 떴던 곳으
로 빨리 돌아가고
6 바람은 남으로 불다가 북으로 돌
아가며 이리 돌며 저리 돌아 바람
은 그 불던 곳으로 돌아가고
7 모든 강물은 다 바다로 흐르되 바
다를 채우지 못하며 강물은 어느
곳으로 흐르든지 그리로 연하여
흐르느니라
8 모든 만물이 피곤하다는 것을 사
람이 말로 다 말할 수는 없나니 눈
은 보아도 족함이 없고 귀는 들어
도 가득 차지 아니하도다
9 이미 있던 것이 후에 다시 있겠고
이미 한 일을 후에 다시 할지라 해

1】

2】

3】

4】

5】

6】

7】

8】

9】

아래에는 새 것이 없나니
10 무엇을 가리켜 이르기를 보라 이
것이 새 것이라 할 것이 있으랴 우
리가 있기 오래 전 세대들에도 이
미 있었느니라
11 이전 세대들이 기억됨이 없으니
장래 세대도 그 후 세대들과 함께
기억됨이 없으리라

지혜가 많으면 번뇌도 많다

12 ○ 나 전도자는 예루살렘에서 이
스라엘 왕이 되어
13 마음을 다하며 지혜를 써서 하늘
아래에서 행하는 모든 일을 연구
하며 살핀즉 이는 괴로운 것이니
하나님이 인생들에게 주사 수고
하게 하신 것이라
14 내가 해 아래에서 행하는 모든 일
을 보았노라 보라 모두 다 헛되어
바람을 잡으려는 것이로다
15 구부러진 것도 곧게 할 수 없고 모
자란 것도 셀 수 없도다
16 내가 내 마음 속으로 말하여 이르
기를 보라 내가 크게 되고 지혜
를 더 많이 얻었으므로 나보다 먼
저 예루살렘에 있던 모든 사람들
보다 낫다 하였나니 내 마음이 지
혜와 지식을 많이 만나 보았음이

10】
11】
12】
13】
14】
15】
16】

로다
17 내가 다시 지혜를 알고자 하며 미
친 것들과 미련한 것들을 알고자
하여 마음을 썼으나 이것도 바람
을 잡으려는 것인 줄을 깨달았
도다
18 지혜가 많으면 번뇌도 많으니 지
식을 더하는 자는 근심을 더하느
니라

17】

18】

### 즐거움도 헛되다

2

1 나는 내 마음에 이르기를 자, 내
가 시험삼아 너를 즐겁게 하리
니 너는 낙을 누리라 하였으나 보
라 이것도 헛되도다
2 내가 웃음에 관하여 말하여 이르
기를 그것은 미친 것이라 하였고
희락에 대하여 이르기를 이것이
무슨 소용이 있는가 하였노라
3 내가 내 마음으로 깊이 생각하기
를 내가 어떻게 하여야 내 마음을
지혜로 다스리면서 술로 내 육신
을 즐겁게 할까 또 내가 어떻게 하
여야 천하의 인생들이 그들의 인
생을 살아가는 동안 어떤 것이 선
한 일인지를 알아볼 때까지 내 어
리석음을 꼭 붙잡아 둘까 하여

1】

2】

3】

년 월 일

4 나의 사업을 크게 하였노라 내가
나를 위하여 집들을 짓고 포도원
을 일구며
5 여러 동산과 과원을 만들고 그 가
운데에 각종 과목을 심었으며
6 나를 위하여 수목을 기르는 삼림
에 물을 주기 위하여 못들을 팠
으며
7 남녀 노비들을 사기도 하였고 나
를 위하여 집에서 종들을 낳기도
하였으며 나보다 먼저 예루살렘
에 있던 모든 자들보다도 내가 소
와 양 떼의 소유를 더 많이 가졌
으며
8 은 금과 왕들이 소유한 보배와 여
러 지방의 보배를 나를 위하여 쌓
고 또 노래하는 남녀들과 인생들
이 기뻐하는 처첩들을 많이 두었
노라
9 내가 이같이 창성하여 나보다 먼
저 예루살렘에 있던 모든 자들보
다 더 창성하니 내 지혜도 내게 여
전하도다
10 무엇이든지 내 눈이 원하는 것을
내가 금하지 아니하며 무엇이든
지 내 마음이 즐거워하는 것을 내
가 막지 아니하였으니 이는 나의

4】

5】

6】

7】

8】

9】

10】

모든 수고를 내 마음이 기뻐하였
음이라 이것이 나의 모든 수고로
말미암아 얻은 몫이로다
11 그 후에 내가 생각해 본즉 내 손으
로 한 모든 일과 내가 수고한 모든
것이 다 헛되어 바람을 잡는 것이
며 해 아래에서 무익한 것이로다

지혜자나 우매자나

12 ○ 내가 돌이켜 지혜와 망령됨과
어리석음을 보았나니 왕 뒤에 오
는 자는 무슨 일을 행할까 이미 행
한 지 오래 전의 일일 뿐이리라
13 내가 보니 지혜가 우매보다 뛰어남
이 빛이 어둠보다 뛰어남 같도다
14 지혜자는 그의 눈이 그의 머리 속
에 있고 우매자는 어둠 속에 다니
지만 그들 모두가 당하는 일이 모
두 같으리라는 것을 나도 깨달아
알았도다
15 내가 내 마음속으로 이르기를 우
매자가 당한 것을 나도 당하리니
내게 지혜가 있었다 한들 내게 무
슨 유익이 있으리요 하였도다 이
에 내가 내 마음속으로 이르기를
이것도 헛되도다 하였도다
16 지혜자도 우매자와 함께 영원하
도록 기억함을 얻지 못하나니 후

일에는 모두 다 잊어버린 지 오랠
것임이라 오호라 지혜자의 죽음
이 우매자의 죽음과 일반이로다
17 이러므로 내가 사는 것을 미워하
였노니 이는 해 아래에서 하는 일
이 내게 괴로움이요 모두 다 헛되
어 바람을 잡으려는 것이기 때문
이로다

수고도 헛되다

18 ○ 내가 해 아래에서 내가 한 모든
수고를 미워하였노니 이는 내 뒤
를 이을 이에게 남겨 주게 됨이라
19 그 사람이 지혜자일지, 우매자일
지야 누가 알랴마는 내가 해 아래
에서 내 지혜를 다하여 수고한 모
든 결과를 그가 다 관리하리니 이
것도 헛되도다
20 이러므로 내가 해 아래에서 한 모
든 수고에 대하여 내가 내 마음에
실망하였도다
21 어떤 사람은 그 지혜와 지식과 재
주를 다하여 수고하였어도 그가
얻은 것을 수고하지 아니한 자에
게 그의 몫으로 넘겨 주리니 이것
도 헛된 것이며 큰 악이로다
22 사람이 해 아래에서 행하는 모든
수고와 마음에 애쓰는 것이 무슨

17】

18】

19】

20】

21】

22】

소득이 있으랴
23 일평생에 근심하며 수고하는 것
이 슬픔뿐이라 그의 마음이 밤
에도 쉬지 못하나니 이것도 헛되
도다
24 ○ 사람이 먹고 마시며 수고하는
것보다 그의 마음을 더 기쁘게 하
는 것은 없나니 내가 이것도 본즉
하나님의 손에서 나오는 것이로다
25 아, 먹고 즐기는 일을 누가 나보다
더 해 보았으랴
26 하나님은 그가 기뻐하시는 자에
게는 지혜와 지식과 희락을 주시
나 죄인에게는 노고를 주시고 그
가 모아 쌓게 하사 하나님을 기뻐
하는 자에게 그가 주게 하시지만
이것도 헛되어 바람을 잡는 것이
로다

23】

24】

25】

26】

모든 일에 때가 있다

3

1 범사에 기한이 있고 천하 만사
가 다 때가 있나니
2 날 때가 있고 죽을 때가 있으며 심
을 때가 있고 심은 것을 뽑을 때
가 있으며
3 죽일 때가 있고 치료할 때가 있
으며 헐 때가 있고 세울 때가 있

1】

2】

3】

으며
4 울 때가 있고 웃을 때가 있으며 슬
퍼할 때가 있고 춤출 때가 있으며
5 돌을 던져 버릴 때가 있고 돌을 거
둘 때가 있으며 안을 때가 있고 안
는 일을 멀리 할 때가 있으며
6 찾을 때가 있고 잃을 때가 있으며
지킬 때가 있고 버릴 때가 있으며
7 찢을 때가 있고 꿰맬 때가 있으며
잠잠할 때가 있고 말할 때가 있
으며
8 사랑할 때가 있고 미워할 때가 있
으며 전쟁할 때가 있고 평화할 때
가 있느니라
9 일하는 자가 그의 수고로 말미암
아 무슨 이익이 있으랴
10 하나님이 인생들에게 노고를 주
사 애쓰게 하신 것을 내가 보았
노라
11 하나님이 모든 것을 지으시되 때
를 따라 아름답게 하셨고 또 사람
들에게는 영원을 사모하는 마음
을 주셨느니라 그러나 하나님이
하시는 일의 시종을 사람으로 측
량할 수 없게 하셨도다
12 사람들이 사는 동안에 기뻐하며
선을 행하는 것보다 더 나은 것이

4】

5】

6】

7】

8】

9】

10】

11】

12】

없는 줄을 내가 알았고
13 사람마다 먹고 마시는 것과 수고
함으로 낙을 누리는 그것이 하나
님의 선물인 줄도 또한 알았도다
14 하나님께서 행하시는 모든 것은
영원히 있을 것이라 그 위에 더
할 수도 없고 그것에서 덜 할 수
도 없나니 하나님이 이같이 행하
심은 사람들이 그의 앞에서 경외
하게 하려 하심인 줄을 내가 알았
도다
15 이제 있는 것이 옛적에 있었고 장
래에 있을 것도 옛적에 있었나니
하나님은 이미 지난 것을 다시 찾
으시느니라
16 ○ 또 내가 해 아래에서 보건대 재
판하는 곳 거기에도 악이 있고 정
의를 행하는 곳 거기에도 악이
있도다
17 내가 내 마음속으로 이르기를 의
인과 악인을 하나님이 심판하시
리니 이는 모든 소망하는 일과
모든 행사에 때가 있음이라 하였
으며
18 내가 내 마음속으로 이르기를 인
생들의 일에 대하여 하나님이 그
들을 시험하시리니 그들이 자기

13】

14】

15】

16】

17】

18】

가 짐승과 다름이 없는 줄을 깨닫
게 하려 하심이라 하였노라
19 인생이 당하는 일을 짐승도 당하
나니 그들이 당하는 일이 일반이
라 다 동일한 호흡이 있어서 짐승
이 죽음 같이 사람도 죽으니 사람
이 짐승보다 뛰어남이 없음은 모
든 것이 헛됨이로다
20 다 흙으로 말미암았으므로 다 흙
으로 돌아가나니 다 한 곳으로 가
거니와
21 인생들의 혼은 위로 올라가고 짐
승의 혼은 아래 곧 땅으로 내려가
는 줄을 누가 알랴
22 그러므로 나는 사람이 자기 일에
즐거워하는 것보다 더 나은 것이
없음을 보았나니 이는 그것이 그
의 몫이기 때문이라 아, 그의 뒤
에 일어날 일이 무엇인지를 보게
하려고 그를 도로 데리고 올 자가
누구이랴

19】

20】

21】

22】

학대, 수고, 동무

4 1 내가 다시 해 아래에서 행하는
모든 학대를 살펴 보았도다 보
라 학대 받는 자들의 눈물이로다
그들에게 위로자가 없도다 그들

1】

을 학대하는 자들의 손에는 권세
가 있으나 그들에게는 위로자가
없도다
2 그러므로 나는 아직 살아 있는 산
자들보다 죽은 지 오랜 죽은 자들
을 더 복되다 하였으며
3 이 둘보다도 아직 출생하지 아니
하여 해 아래에서 행하는 악한 일
을 보지 못한 자가 더 복되다 하
였노라
4 ○ 내가 또 본즉 사람이 모든 수고
와 모든 재주로 말미암아 이웃에
게 시기를 받으니 이것도 헛되어
바람을 잡는 것이로다
5 우매자는 팔짱을 끼고 있으면서
자기의 몸만 축내는도다
6 두 손에 가득하고 수고하며 바람
을 잡는 것보다 한 손에만 가득하
고 평온함이 더 나으니라
7 ○ 내가 또 다시 해 아래에서 헛된
것을 보았도다
8 어떤 사람은 아들도 없고 형제도
없이 홀로 있으나 그의 모든 수고
에는 끝이 없도다 또 비록 그의 눈
은 부요를 족하게 여기지 아니하
면서 이르기를 내가 누구를 위하
여는 이같이 수고하고 나를 위하

2】

3】

4】

5】

6】

7】

8】

여는 행복을 누리지 못하게 하는
가 하여도 이것도 헛되어 불행한
노고로다
9 두 사람이 한 사람보다 나음은 그
들이 수고함으로 좋은 상을 얻을
것임이라
10 혹시 그들이 넘어지면 하나가 그
동무를 붙들어 일으키려니와 홀로
있어 넘어지고 붙들어 일으킬 자
가 없는 자에게는 화가 있으리라
11 또 두 사람이 함께 누우면 따뜻
하거니와 한 사람이면 어찌 따뜻
하랴
12 한 사람이면 패하겠거니와 두 사
람이면 맞설 수 있나니 세 겹 줄은
쉽게 끊어지지 아니하느니라

가난하게 태어나서 왕이 되어도

13 ○ 가난하여도 지혜로운 젊은이가
늙고 둔하여 경고를 더 받을 줄 모
르는 왕보다 나으니
14 그는 자기의 나라에서 가난하게
태어났을지라도 감옥에서 나와
왕이 되었음이니라
15 내가 본즉 해 아래에서 다니는 인
생들이 왕의 다음 자리에 있다가
왕을 대신하여 일어난 젊은이와
함께 있고

9】

10】

11】

12】

13】

14】

15】

16 그의 치리를 받는 모든 백성들이
무수하였을지라도 후에 오는 자
들은 그를 기뻐하지 아니하리니
이것도 헛되어 바람을 잡는 것이
로다

16】

## 하나님을 경외하라

5 1 너는 하나님의 집에 들어갈 때
에 네 발을 삼갈지어다 가까이
하여 말씀을 듣는 것이 우매한 자
들이 제물 드리는 것보다 나으니
그들은 악을 행하면서도 깨닫지
못함이니라
2 너는 하나님 앞에서 함부로 입을
열지 말며 급한 마음으로 말을 내
지 말라 하나님은 하늘에 계시고
너는 땅에 있음이니라 그런즉 마
땅히 말을 적게 할 것이라
3 걱정이 많으면 꿈이 생기고 말이
많으면 우매한 자의 소리가 나타
나느니라
4 네가 하나님께 서원하였거든 갚
기를 더디게 하지 말라 하나님은
우매한 자들을 기뻐하지 아니하
시나니 서원한 것을 갚으라
5 서원하고 갚지 아니하는 것보다 서
원하지 아니하는 것이 더 나으니

1】

2】

3】

4】

5】

6 네 입으로 네 육체가 범죄하게 하
지 말라 천사 앞에서 내가 서원
한 것이 실수라고 말하지 말라 어
찌 하나님께서 네 목소리로 말미
암아 진노하사 네 손으로 한 것을
멸하시게 하랴
7 꿈이 많으면 헛된 일들이 많아지
고 말이 많아도 그러하니 오직 너
는 하나님을 경외할지니라
8 ○ 너는 어느 지방에서든지 빈민
을 학대하는 것과 정의와 공의를
짓밟는 것을 볼지라도 그것을 이
상히 여기지 말라 높은 자는 더 높
은 자가 감찰하고 또 그들보다 더
높은 자들도 있음이니라
9 땅의 소산물은 모든 사람을 위하
여 있나니 왕도 밭의 소산을 받느
니라

재물과 부요와 존귀도 헛되다

10 ○ 은을 사랑하는 자는 은으로 만
족하지 못하고 풍요를 사랑하는
자는 소득으로 만족하지 아니하
나니 이것도 헛되도다
11 재산이 많아지면 먹는 자들도 많
아지나니 그 소유주들은 눈으로
보는 것 외에 무엇이 유익하랴
12 노동자는 먹는 것이 많든지 적든

6】

7】

8】

9】

10】

11】

12】

지 잠을 달게 자거니와 부자는 그
부요함 때문에 자지 못하느니라
13 ○ 내가 해 아래에서 큰 폐단 되는
일이 있는 것을 보았나니 곧 소유
주가 재물을 자기에게 해가 되도
록 소유하는 것이라
14 그 재물이 재난을 당할 때 없어지
나니 비록 아들은 낳았으나 그 손
에 아무것도 없느니라
15 그가 모태에서 벌거벗고 나왔은
즉 그가 나온 대로 돌아가고 수고
하여 얻은 것을 아무것도 자기 손
에 가지고 가지 못하리니
16 이것도 큰 불행이라 어떻게 왔든
지 그대로 가리니 바람을 잡는 수
고가 그에게 무엇이 유익하랴
17 일평생을 어두운 데에서 먹으며
많은 근심과 질병과 분노가 그에
게 있느니라
18 ○ 사람이 하나님께서 그에게 주
신 바 그 일평생에 먹고 마시며
해 아래에서 하는 모든 수고 중에
서 낙을 보는 것이 선하고 아름다
움을 내가 보았나니 그것이 그의
몫이로다
19 또한 어떤 사람에게든지 하나님
이 재물과 부요를 그에게 주사 능

13】

14】

15】

16】

17】

18】

19】

히 누리게 하시며 제 몫을 받아
수고함으로 즐거워하게 하신 것
은 하나님의 선물이라
20 그는 자기의 생명의 날을 깊이 생
각하지 아니하리니 이는 하나님
이 그의 마음에 기뻐하는 것으로
응답하심이니라

20】

6
1 내가 해 아래에서 한 가지 불행
한 일이 있는 것을 보았나니 이
는 사람의 마음을 무겁게 하는 것
이라
2 어떤 사람은 그의 영혼이 바라는
모든 소원에 부족함이 없어 재물
과 부요와 존귀를 하나님께 받았
으나 하나님께서 그가 그것을 누
리도록 허락하지 아니하셨으므로
다른 사람이 누리나니 이것도 헛
되어 악한 병이로다
3 사람이 비록 백 명의 자녀를 낳고
또 장수하여 사는 날이 많을지라
도 그의 영혼은 그러한 행복으로
만족하지 못하고 또 그가 안장되
지 못하면 나는 이르기를 낙태된
자가 그보다는 낫다 하나니
4 낙태된 자는 헛되이 왔다가 어두
운 중에 가매 그의 이름이 어둠에

1】
2】
3】
4】

덮이니
5 햇빛도 보지 못하고 또 그것을 알
지도 못하나 이가 그보다 더 평안
함이라
6 그가 비록 천 년의 갑절을 산다 할
지라도 행복을 보지 못하면 마침
내 다 한 곳으로 돌아가는 것뿐이
아니냐
7 ○ 사람의 수고는 다 자기의 입을
위함이나 그 식욕은 채울 수 없느
니라
8 지혜자가 우매자보다 나은 것이
무엇이냐 살아 있는 자들 앞에서
행할 줄을 아는 가난한 자에게는
무슨 유익이 있는가
9 눈으로 보는 것이 마음으로 공상
하는 것보다 나으나 이것도 헛되
어 바람을 잡는 것이로다
10 ○ 이미 있는 것은 무엇이든지 오
래 전부터 그의 이름이 이미 불린
바 되었으며 사람이 무엇인지도
이미 안 바 되었나니 자기보다 강
한 자와는 능히 다툴 수 없느니라
11 헛된 것을 더하게 하는 많은 일들
이 있나니 그것들이 사람에게 무
슨 유익이 있으랴
12 헛된 생명의 모든 날을 그림자 같

5】

6】

7】

8】

9】

10】

11】

12】

이 보내는 일평생에 사람에게 무
엇이 낙인지를 누가 알며 그 후에
해 아래에서 무슨 일이 있을 것을
누가 능히 그에게 고하리요

### 지혜자와 우매한 자

7 1 좋은 이름이 좋은 기름보다 낫
고 죽는 날이 출생하는 날보다
나으며
2 초상집에 가는 것이 잔칫집에 가
는 것보다 나으니 모든 사람의 끝
이 이와 같이 됨이라 산 자는 이것
을 그의 마음에 둘지어다
3 슬픔이 웃음보다 나음은 얼굴에
근심하는 것이 마음에 유익하기
때문이니라
4 지혜자의 마음은 초상집에 있으
되 우매한 자의 마음은 혼인집에
있느니라
5 ○ 지혜로운 사람의 책망을 듣는
것이 우매한 자들의 노래를 듣는
것보다 나으니라
6 우매한 자들의 웃음 소리는 솥 밑
에서 가시나무가 타는 소리 같으
니 이것도 헛되니라
7 탐욕이 지혜자를 우매하게 하고
뇌물이 사람의 명철을 망하게 하

1】

2】

3】

4】

5】

6】

7】

느니라
8 ○ 일의 끝이 시작보다 낫고 참는
마음이 교만한 마음보다 나으니
9 급한 마음으로 노를 발하지 말라
노는 우매한 자들의 품에 머무름
이니라
10 옛날이 오늘보다 나은 것이 어찜
이냐 하지 말라 이렇게 묻는 것은
지혜가 아니니라
11 ○ 지혜는 유산 같이 아름답고 햇
빛을 보는 자에게 유익이 되도다
12 지혜의 그늘 아래에 있음은 돈의
그늘 아래에 있음과 같으나, 지혜
에 관한 지식이 더 유익함은 지혜
가 그 지혜 있는 자를 살리기 때
문이니라
13 하나님께서 행하시는 일을 보라
하나님께서 굽게 하신 것을 누가
능히 곧게 하겠느냐
14 형통한 날에는 기뻐하고 곤고한
날에는 되돌아 보아라 이 두 가지
를 하나님이 병행하게 하사 사람
이 그의 장래 일을 능히 헤아려 알
지 못하게 하셨느니라
15 ○ 내 허무한 날을 사는 동안 내가
그 모든 일을 살펴 보았더니 자기
의 의로움에도 불구하고 멸망하는

8】

9】

10】

11】

12】

13】

14】

15】

의인이 있고 자기의 악행에도 불
구하고 장수하는 악인이 있으니
16 지나치게 의인이 되지도 말며 지
나치게 지혜자도 되지 말라 어찌
하여 스스로 패망하게 하겠느냐
17 지나치게 악인이 되지도 말며 지
나치게 우매한 자도 되지 말라
어찌하여 기한 전에 죽으려고 하
느냐
18 너는 이것도 잡으며 저것에서도
네 손을 놓지 아니하는 것이 좋으
니 하나님을 경외하는 자는 이 모
든 일에서 벗어날 것임이니라
19 ○ 지혜가 지혜자를 성읍 가운데
에 있는 열 명의 권력자들보다 더
능력이 있게 하느니라
20 선을 행하고 전혀 죄를 범하지 아
니하는 의인은 세상에 없기 때문
이로다
21 또한 사람들이 하는 모든 말에 네
마음을 두지 말라 그리하면 네 종
이 너를 저주하는 것을 듣지 아니
하리라
22 너도 가끔 사람을 저주하였다는
것을 네 마음도 알고 있느니라
23 ○ 내가 이 모든 것을 지혜로 시험
하며 스스로 이르기를 내가 지혜

16】
17】
18】
19】
20】
21】
22】
23】

자가 되리라 하였으나 지혜가 나
를 멀리 하였도다
24 이미 있는 것은 멀고 또 깊고 깊도
다 누가 능히 통달하랴
25 내가 돌이켜 전심으로 지혜와 명
철을 살피고 연구하여 악한 것이
얼마나 어리석은 것이요 어리석
은 것이 얼마나 미친 것인 줄을
알고자 하였더니
26 마음은 올무와 그물 같고 손은 포
승 같은 여인은 사망보다 더 쓰다
는 사실을 내가 알아내었도다 그
러므로 하나님을 기쁘게 하는 자
는 그 여인을 피하려니와 죄인은
그 여인에게 붙잡히리로다
27 전도자가 이르되 보라 내가 낱낱
이 살펴 그 이치를 연구하여 이것
을 깨달았노라
28 내 마음이 계속 찾아 보았으나 아
직도 찾지 못한 것이 이것이라 천
사람 가운데서 한 사람을 내가 찾
았으나 이 모든 사람들 중에서 여
자는 한 사람도 찾지 못하였느니라
29 내가 깨달은 것은 오직 이것이라
곧 하나님은 사람을 정직하게 지
으셨으나 사람이 많은 꾀들을 낸
것이니라

24】

25】

26】

27】

28】

29】

8
1 누가 지혜자와 같으며 누가 사
물의 이치를 아는 자이냐 사람
의 지혜는 그의 얼굴에 광채가 나
게 하나니 그의 얼굴의 사나운 것
이 변하느니라
2 내가 권하노라 왕의 명령을 지키
라 이미 하나님을 가리켜 맹세하
였음이니라
3 왕 앞에서 물러가기를 급하게 하
지 말며 악한 것을 일삼지 말라 왕
은 자기가 하고자 하는 것을 다 행
함이니라
4 왕의 말은 권능이 있나니 누가 그
에게 이르기를 왕께서 무엇을 하
시나이까 할 수 있으랴
5 명령을 지키는 자는 불행을 알지
못하리라 지혜자의 마음은 때와
판단을 분변하나니
6 무슨 일에든지 때와 판단이 있으
므로 사람에게 임하는 화가 심함
이니라
7 사람이 장래 일을 알지 못하나니
장래 일을 가르칠 자가 누구이랴
8 바람을 주장하여 바람을 움직이
게 할 사람도 없고 죽는 날을 주
장할 사람도 없으며 전쟁할 때를
모면할 사람도 없으니 악이 그의

1】

2】

3】

4】

5】

6】

7】

8】

주민들을 건져낼 수는 없느니라

악인들과 의인들

9 ○ 내가 이 모든 것들을 보고 해
아래에서 행하는 모든 일을 마음
에 두고 살핀즉 사람이 사람을 주
장하여 해롭게 하는 때가 있도다
10 그런 후에 내가 본즉 악인들은 장
사지낸 바 되어 거룩한 곳을 떠나
그들이 그렇게 행한 성읍 안에서
잊어버린 바 되었으니 이것도 헛
되도다
11 악한 일에 관한 징벌이 속히 실행
되지 아니하므로 인생들이 악을
행하는 데에 마음이 담대하도다
12 죄인은 백 번이나 악을 행하고도
장수하거니와 또한 내가 아노니
하나님을 경외하여 그를 경외하
는 자들은 잘 될 것이요
13 악인은 잘 되지 못하며 장수하지
못하고 그 날이 그림자와 같으리
니 이는 하나님을 경외하지 아니
함이니라
14 ○ 세상에서 행해지는 헛된 일이
있나니 곧 악인들의 행위에 따라
벌을 받는 의인들도 있고 의인들
의 행위에 따라 상을 받는 악인들
도 있다는 것이라 내가 이르노니

9】
10】
11】
12】
13】
14】

이것도 헛되도다
15 이에 내가 희락을 찬양하노니 이
는 사람이 먹고 마시고 즐거워하
는 것보다 더 나은 것이 해 아래에
는 없음이라 하나님이 사람을 해
아래에서 살게 하신 날 동안 수고
하는 일 중에 그러한 일이 그와 함
께 있을 것이니라
16 ○ 내가 마음을 다하여 지혜를 알
고자 하며 세상에서 행해지는 일
을 보았는데 밤낮으로 자지 못하
는 자도 있도다
17 또 내가 하나님의 모든 행사를 살
펴 보니 해 아래에서 행해지는 일
을 사람이 능히 알아낼 수 없도다
사람이 아무리 애써 알아보려고
할지라도 능히 알지 못하나니 비
록 지혜자가 아노라 할지라도 능
히 알아내지 못하리로다

15】

16】

17】

모두 다 하나님의 손 안에 있다

9
1 이 모든 것을 내가 마음에 두
고 이 모든 것을 살펴 본즉 의
인들이나 지혜자들이나 그들의
행위나 모두 다 하나님의 손 안에
있으니 사랑을 받을는지 미움을
받을는지 사람이 알지 못하는 것

1】

은 모두 그들의 미래의 일들임이
니라
2 ○ 모든 사람에게 임하는 그 모든
것이 일반이라 의인과 악인, 선한
자와 깨끗한 자와 깨끗하지 아니
한 자, 제사를 드리는 자와 제사
를 드리지 아니하는 자에게 일어
나는 일들이 모두 일반이니 선인
과 죄인, 맹세하는 자와 맹세하기
를 무서워하는 자가 일반이로다
3 모든 사람의 결국은 일반이라 이
것은 해 아래에서 행해지는 모든
일 중의 악한 것이니 곧 인생의 마
음에는 악이 가득하여 그들의 평
생에 미친 마음을 품고 있다가 후
에는 죽은 자들에게로 돌아가는
것이라
4 모든 산 자들 중에 들어 있는 자
에게는 누구나 소망이 있음은 산
개가 죽은 사자보다 낫기 때문이
니라
5 산 자들은 죽을 줄을 알되 죽은 자
들은 아무것도 모르며 그들이 다
시는 상을 받지 못하는 것은 그들
의 이름이 잊어버린 바 됨이니라
6 그들의 사랑과 미움과 시기도 없
어진 지 오래이니 해 아래에서 행

2】

3】

4】

5】

6】

하는 모든 일 중에서 그들에게 돌
아갈 몫은 영원히 없느니라
7 ○ 너는 가서 기쁨으로 네 음식물
을 먹고 즐거운 마음으로 네 포도
주를 마실지어다 이는 하나님이
네가 하는 일들을 벌써 기쁘게 받
으셨음이니라
8 네 의복을 항상 희게 하며 네 머
리에 향 기름을 그치지 아니하도
록 할지니라
9 네 헛된 평생의 모든 날 곧 하나님
이 해 아래에서 네게 주신 모든 헛
된 날에 네가 사랑하는 아내와 함
께 즐겁게 살지어다 그것이 네가
평생에 해 아래에서 수고하고 얻
은 네 몫이니라
10 네 손이 일을 얻는 대로 힘을 다하
여 할지어다 네가 장차 들어갈 스
올에는 일도 없고 계획도 없고 지
식도 없고 지혜도 없음이니라
11 ○ 내가 다시 해 아래에서 보니 빠
른 경주자들이라고 선착하는 것
이 아니며 용사들이라고 전쟁에
승리하는 것이 아니며 지혜자들
이라고 음식물을 얻는 것도 아니
며 명철자들이라고 재물을 얻는
것도 아니며 지식인들이라고 은

7】

8】

9】

10】

11】

총을 입는 것이 아니니 이는 시
기와 기회는 그들 모두에게 임함
이니라
12 분명히 사람은 자기의 시기도 알
지 못하나니 물고기들이 재난의
그물에 걸리고 새들이 올무에 걸
림 같이 인생들도 재앙의 날이 그
들에게 홀연히 임하면 거기에 걸
리느니라

지혜를 보고 크게 여긴 것

13 ○ 내가 또 해 아래에서 지혜를 보
고 내가 크게 여긴 것이 이러하니
14 곧 작고 인구가 많지 아니한 어떤
성읍에 큰 왕이 와서 그것을 에워
싸고 큰 흉벽을 쌓고 치고자 할
때에
15 그 성읍 가운데에 가난한 지혜자
가 있어서 그의 지혜로 그 성읍을
건진 그것이라 그러나 그 가난한
자를 기억하는 사람이 없었도다
16 그러므로 내가 이르기를 지혜가
힘보다 나으나 가난한 자의 지혜
가 멸시를 받고 그의 말들을 사람
들이 듣지 아니한다 하였노라
17 ○ 조용히 들리는 지혜자들의 말
들이 우매한 자들을 다스리는 자
의 호령보다 나으니라

12】

13】

14】

15】

16】

17】

18 지혜가 무기보다 나으니라 그러
나 죄인 한 사람이 많은 선을 무너
지게 하느니라

18】

10 1 죽은 파리들이 향기름을 악취
가 나게 만드는 것 같이 적은 우
매가 지혜와 존귀를 난처하게 만
드느니라

1】

2 지혜자의 마음은 오른쪽에 있고
우매자의 마음은 왼쪽에 있느니라

2】

3 우매한 자는 길을 갈 때에도 지혜
가 부족하여 각 사람에게 자기가
우매함을 말하느니라

3】

4 주권자가 네게 분을 일으키거든
너는 네 자리를 떠나지 말라 공손
함이 큰 허물을 용서 받게 하느
니라

4】

5 ○ 내가 해 아래에서 한 가지 재난
을 보았노니 곧 주권자에게서 나
오는 허물이라

5】

6 우매한 자가 크게 높은 지위들을
얻고 부자들이 낮은 지위에 앉는
도다

6】

7 또 내가 보았노니 종들은 말을 타
고 고관들은 종들처럼 땅에 걸어
다니는도다

7】

8 ○ 함정을 파는 자는 거기에 빠질

8】

것이요 담을 허는 자는 뱀에게 물
리리라
9 돌들을 떠내는 자는 그로 말미암
아 상할 것이요 나무들을 쪼개는
자는 그로 말미암아 위험을 당하
리라
10 철 연장이 무디어졌는데도 날을
갈지 아니하면 힘이 더 드느니라
오직 지혜는 성공하기에 유익하
니라
11 주술을 베풀기 전에 뱀에게 물렸
으면 술객은 소용이 없느니라
12 ○ 지혜자의 입의 말들은 은혜로
우나 우매자의 입술들은 자기를
삼키나니
13 그의 입의 말들의 시작은 우매요
그의 입의 결말들은 심히 미친 것
이니라
14 우매한 자는 말을 많이 하거니와
사람은 장래 일을 알지 못하나니
나중에 일어날 일을 누가 그에게
알리리요
15 우매한 자들의 수고는 자신을 피
곤하게 할 뿐이라 그들은 성읍에
들어갈 줄도 알지 못함이니라
16 ○ 왕은 어리고 대신들은 아침부터
잔치하는 나라여 네게 화가 있도다

9】
10】
11】
12】
13】
14】
15】
16】

17 왕은 귀족들의 아들이요 대신들
은 취하지 아니하고 기력을 보하
려고 정한 때에 먹는 나라여 네게
복이 있도다
18 게으른즉 서까래가 내려앉고 손
을 놓은즉 집이 새느니라
19 잔치는 희락을 위하여 베푸는 것
이요 포도주는 생명을 기쁘게 하
는 것이나 돈은 범사에 이용되느
니라
20 심중에라도 왕을 저주하지 말며
침실에서라도 부자를 저주하지
말라 공중의 새가 그 소리를 전하
고 날짐승이 그 일을 전파할 것임
이니라

17】

18】

19】

20】

지혜로운 삶

11 1 너는 네 떡을 물 위에 던져라 여
러 날 후에 도로 찾으리라
2 일곱에게나 여덟에게 나눠 줄지
어다 무슨 재앙이 땅에 임할는지
네가 알지 못함이니라
3 구름에 비가 가득하면 땅에 쏟아
지며 나무가 남으로나 북으로나
쓰러지면 그 쓰러진 곳에 그냥 있
으리라
4 풍세를 살펴보는 자는 파종하지

1】

2】

3】

4】

못할 것이요 구름만 바라보는 자
는 거두지 못하리라
5 바람의 길이 어떠함과 아이 밴 자
의 태에서 뼈가 어떻게 자라는지
를 네가 알지 못함 같이 만사를 성
취하시는 하나님의 일을 네가 알
지 못하느니라
6 너는 아침에 씨를 뿌리고 저녁에
도 손을 놓지 말라 이것이 잘 될는
지, 저것이 잘 될는지, 혹 둘이 다
잘 될는지 알지 못함이니라
7 빛은 실로 아름다운 것이라 눈으
로 해를 보는 것이 즐거운 일이
로다
8 사람이 여러 해를 살면 항상 즐거
워할지로다 그러나 캄캄한 날들
이 많으리니 그 날들을 생각할지
로다 다가올 일은 다 헛되도다

### 젊은이에게 주는 교훈

9 ○ 청년이여 네 어린 때를 즐거워
하며 네 청년의 날들을 마음에 기
뻐하여 마음에 원하는 길들과 네
눈이 보는 대로 행하라 그러나 하
나님이 이 모든 일로 말미암아 너
를 심판하실 줄 알라
10 그런즉 근심이 네 마음에서 떠나
게 하며 악이 네 몸에서 물러가게

5】

6】

7】

8】

9】

10】

하라 어릴 때와 검은 머리의 시절
이 다 헛되니라

12 1 너는 청년의 때에 너의 창조주
를 기억하라 곧 곤고한 날이 이
르기 전에, 나는 아무 낙이 없다고
할 해들이 가깝기 전에
2 해와 빛과 달과 별들이 어둡기 전
에, 비 뒤에 구름이 다시 일어나기
전에 그리하라
3 그런 날에는 집을 지키는 자들이
떨 것이며 힘 있는 자들이 구부러
질 것이며 맷돌질 하는 자들이 적
으므로 그칠 것이며 창들로 내다
보는 자가 어두워질 것이며
4 길거리 문들이 닫혀질 것이며 맷
돌 소리가 적어질 것이며 새의 소
리로 말미암아 일어날 것이며 음
악하는 여자들은 다 쇠하여질 것
이며
5 또한 그런 자들은 높은 곳을 두려
워할 것이며 길에서는 놀랄 것이
며 살구나무가 꽃이 필 것이며 메
뚜기도 짐이 될 것이며 정욕이 그
치리니 이는 사람이 자기의 영원
한 집으로 돌아가고 조문객들이
거리로 왕래하게 됨이니라

1】

2】

3】

4】

5】

6 은 줄이 풀리고 금 그릇이 깨지고
항아리가 샘 곁에서 깨지고 바퀴
가 우물 위에서 깨지고
7 흙은 여전히 땅으로 돌아가고 영
은 그것을 주신 하나님께로 돌아
가기 전에 기억하라
8 전도자가 이르되 헛되고 헛되도
다 모든 것이 헛되도다

### 사람의 본분

9 ○ 전도자는 지혜자이어서 여전히
백성에게 지식을 가르쳤고 또 깊
이 생각하고 연구하여 잠언을 많
이 지었으며
10 전도자는 힘써 아름다운 말들을
구하였나니 진리의 말씀들을 정
직하게 기록하였느니라
11 ○ 지혜자들의 말씀들은 찌르는
채찍들 같고 회중의 스승들의 말
씀들은 잘 박힌 못 같으니 다 한
목자가 주신 바이니라
12 내 아들아 또 이것들로부터 경계
를 받으라 많은 책들을 짓는 것은
끝이 없고 많이 공부하는 것은 몸
을 피곤하게 하느니라
13 ○ 일의 결국을 다 들었으니 하나
님을 경외하고 그의 명령들을 지
킬지어다 이것이 모든 사람의 본

6】

7】

8】

9】

10】

11】

12】

13】

분이니라
14 하나님은 모든 행위와 모든 은밀
한 일을 선악 간에 심판하시리라

14】

일의 결국을 다 들었으니 하나님을 경외
하고 그의 명령들을 지킬지어다 이것이
모든 사람의 본분이니라(전 12:13)

# 아가

## 1

1 솔로몬의 아가라
2 ○ 내게 입맞추기를 원하니 네
사랑이 포도주보다 나음이로구나
3 네 기름이 향기로워 아름답고 네
이름이 쏟은 향기름 같으므로 처
녀들이 너를 사랑하는구나
4 왕이 나를 그의 방으로 이끌어 들
이시니 너는 나를 인도하라 우리
가 너를 따라 달려가리라 우리가
너로 말미암아 기뻐하며 즐거워하
니 네 사랑이 포도주보다 더 진함
이라 처녀들이 너를 사랑함이 마
땅하니라
5 ○ 예루살렘 딸들아 내가 비록 검
으나 아름다우니 게달의 장막 같
을지라도 솔로몬의 휘장과도 같
구나
6 내가 햇볕에 쬐어서 거무스름할
지라도 흘겨보지 말 것은 내 어머
니의 아들들이 나에게 노하여 포
도원지기로 삼았음이라 나의 포
도원을 내가 지키지 못하였구나
7 내 마음으로 사랑하는 자야 네가

1】
2】
3】
4】
5】
6】
7】

양 치는 곳과 정오에 쉬게 하는 곳
을 내게 말하라 내가 네 친구의 양
떼 곁에서 어찌 얼굴을 가린 자 같
이 되랴
8 ○ 여인 중에 어여쁜 자야 네가 알
지 못하겠거든 양 떼의 발자취를
따라 목자들의 장막 곁에서 너의
염소 새끼를 먹일지니라
9 ○ 내 사랑아 내가 너를 바로의 병
거의 준마에 비하였구나
10 네 두 뺨은 땋은 머리털로, 네 목
은 구슬 꿰미로 아름답구나
11 우리가 너를 위하여 금 사슬에 은
을 박아 만들리라
12 ○ 왕이 침상에 앉았을 때에 나의
나도 기름이 향기를 뿜어냈구나
13 나의 사랑하는 자는 내 품 가운데
몰약 향주머니요
14 나의 사랑하는 자는 내게 엔게디
포도원의 고벨화 송이로구나
15 ○ 내 사랑아 너는 어여쁘고 어여
쁘다 네 눈이 비둘기 같구나
16 ○ 나의 사랑하는 자야 너는 어여
쁘고 화창하다 우리의 침상은 푸
르고
17 우리 집은 백향목 들보, 잣나무 서
까래로구나

8】
9】
10】
11】
12】
13】
14】
15】
16】
17】

년 월 일

## 2

1 나는 사론의 수선화요 골짜기
의 백합화로다
2 ○ 여자들 중에 내 사랑은 가시나
무 가운데 백합화 같도다
3 ○ 남자들 중에 나의 사랑하는 자
는 수풀 가운데 사과나무 같구나 내
가 그 그늘에 앉아서 심히 기뻐하였
고 그 열매는 내 입에 달았도다
4 그가 나를 인도하여 잔칫집에 들
어갔으니 그 사랑은 내 위에 깃발
이로구나
5 너희는 건포도로 내 힘을 돕고 사
과로 나를 시원하게 하라 내가 사
랑하므로 병이 생겼음이라
6 그가 왼팔로 내 머리를 고이고 오
른팔로 나를 안는구나
7 예루살렘 딸들아 내가 노루와 들
사슴을 두고 너희에게 부탁한다
내 사랑이 원하기 전에는 흔들지
말고 깨우지 말지니라
8 ○ 내 사랑하는 자의 목소리로구
나 보라 그가 산에서 달리고 작은
산을 빨리 넘어오는구나
9 내 사랑하는 자는 노루와도 같고
어린 사슴과도 같아서 우리 벽 뒤
에 서서 창으로 들여다보며 창살
틈으로 엿보는구나

1】

2】

3】

4】

5】

6】

7】

8】

9】

10 ○ 나의 사랑하는 자가 내게 말하
여 이르기를 나의 사랑, 내 어여쁜
자야 일어나서 함께 가자
11 겨울도 지나고 비도 그쳤고
12 지면에는 꽃이 피고 새가 노래할
때가 이르렀는데 비둘기의 소리
가 우리 땅에 들리는구나
13 무화과나무에는 푸른 열매가 익
었고 포도나무는 꽃을 피워 향기
를 토하는구나 나의 사랑, 나의 어
여쁜 자야 일어나서 함께 가자
14 바위 틈 낭떠러지 은밀한 곳에 있
는 나의 비둘기야 내가 네 얼굴을
보게 하라 네 소리를 듣게 하라 네
소리는 부드럽고 네 얼굴은 아름
답구나
15 ○ 우리를 위하여 여우 곧 포도원
을 허는 작은 여우를 잡으라 우리
의 포도원에 꽃이 피었음이라
16 내 사랑하는 자는 내게 속하였고
나는 그에게 속하였도다 그가 백
합화 가운데에서 양 떼를 먹이는
구나
17 내 사랑하는 자야 날이 저물고 그
림자가 사라지기 전에 돌아와서
베데르 산의 노루와 어린 사슴 같
을지라

10】

11】

12】

13】

14】

15】

16】

17】

# 3

1 내가 밤에 침상에서 마음으로
사랑하는 자를 찾았노라 찾아
도 찾아내지 못하였노라
2 이에 내가 일어나서 성 안을 돌아
다니며 마음에 사랑하는 자를 거
리에서나 큰 길에서나 찾으리라
하고 찾으나 만나지 못하였노라
3 성 안을 순찰하는 자들을 만나서
묻기를 내 마음으로 사랑하는 자
를 너희가 보았느냐 하고
4 그들을 지나치자마자 마음에 사
랑하는 자를 만나서 그를 붙잡고
내 어머니 집으로, 나를 잉태한 이
의 방으로 가기까지 놓지 아니하
였노라
5 ○ 예루살렘 딸들아 내가 노루와
들사슴을 두고 너희에게 부탁한
다 사랑하는 자가 원하기 전에는
흔들지 말고 깨우지 말지니라
6 ○ 몰약과 유향과 상인의 여러 가
지 향품으로 향내 풍기며 연기 기
둥처럼 거친 들에서 오는 자가 누
구인가
7 볼지어다 솔로몬의 가마라 이스라
엘 용사 중 육십 명이 둘러쌌는데
8 다 칼을 잡고 싸움에 익숙한 사람
들이라 밤의 두려움으로 말미암

아 각기 허리에 칼을 찼느니라
9 솔로몬 왕이 레바논 나무로 자기
의 가마를 만들었는데
10 그 기둥은 은이요 바닥은 금이요
자리는 자색 깔개라 그 안에는 예
루살렘 딸들의 사랑이 엮어져 있
구나
11 시온의 딸들아 나와서 솔로몬 왕
을 보라 혼인날 마음이 기쁠 때에
그의 어머니가 씌운 왕관이 그 머
리에 있구나

9】

10】

11】

## 4

1 내 사랑 너는 어여쁘고도 어여
쁘다 너울 속에 있는 네 눈이
비둘기 같고 네 머리털은 길르앗
산 기슭에 누운 염소 떼 같구나
2 네 이는 목욕장에서 나오는 털 깎
인 암양 곧 새끼 없는 것은 하나도
없이 각각 쌍태를 낳은 양 같구나
3 네 입술은 홍색 실 같고 네 입은
어여쁘고 너울 속의 네 뺨은 석류
한 쪽 같구나
4 네 목은 무기를 두려고 건축한 다
윗의 망대 곧 방패 천 개, 용사의
모든 방패가 달린 망대 같고
5 네 두 유방은 백합화 가운데서 꼴
을 먹는 쌍태 어린 사슴 같구나

1】

2】

3】

4】

5】

6 ○ 날이 저물고 그림자가 사라지
기 전에 내가 몰약 산과 유향의 작
은 산으로 가리라
7 ○ 나의 사랑 너는 어여쁘고 아무
흠이 없구나
8 내 신부야 너는 레바논에서부터
나와 함께 하고 레바논에서부터
나와 함께 가자 아마나와 스닐과
헤르몬 꼭대기에서 사자 굴과 표
범 산에서 내려오너라
9 내 누이, 내 신부야 네가 내 마음
을 빼앗았구나 네 눈으로 한 번 보
는 것과 네 목의 구슬 한 꿰미로
내 마음을 빼앗았구나
10 내 누이, 내 신부야 네 사랑이 어
찌 그리 아름다운지 네 사랑은 포
도주보다 진하고 네 기름의 향기
는 각양 향품보다 향기롭구나
11 내 신부야 네 입술에서는 꿀 방울
이 떨어지고 네 혀 밑에는 꿀과 젖
이 있고 네 의복의 향기는 레바논
의 향기 같구나
12 내 누이, 내 신부는 잠근 동산이요
덮은 우물이요 봉한 샘이로구나
13 네게서 나는 것은 석류나무와 각
종 아름다운 과수와 고벨화와 나
도풀과

6】

7】

8】

9】

10】

11】

12】

13】

14 나도와 번홍화와 창포와 계수와
각종 유향목과 몰약과 침향과 모
든 귀한 향품이요
15 너는 동산의 샘이요 생수의 우물
이요 레바논에서부터 흐르는 시
내로구나
16 ○ 북풍아 일어나라 남풍아 오라
나의 동산에 불어서 향기를 날리
라 나의 사랑하는 자가 그 동산에
들어가서 그 아름다운 열매 먹기
를 원하노라

14】

15】

16】

5 1 내 누이, 내 신부야 내가 내 동
산에 들어와서 나의 몰약과 향
재료를 거두고 나의 꿀송이와 꿀
을 먹고 내 포도주와 내 우유를 마
셨으니 나의 친구들아 먹으라 나의
사랑하는 사람들아 많이 마시라
2 ○ 내가 잘지라도 마음은 깨었는
데 나의 사랑하는 자의 소리가 들
리는구나 문을 두드려 이르기를
나의 누이, 나의 사랑, 나의 비둘
기, 나의 완전한 자야 문을 열어
다오 내 머리에는 이슬이, 내 머리
털에는 밤이슬이 가득하였다 하
는구나
3 내가 옷을 벗었으니 어찌 다시 입

1】

2】

3】

겠으며 내가 발을 씻었으니 어찌
다시 더럽히랴마는
4 내 사랑하는 자가 문틈으로 손을
들이밀매 내 마음이 움직여서
5 일어나 내 사랑하는 자를 위하여
문을 열 때 몰약이 내 손에서, 몰
약의 즙이 내 손가락에서 문빗장
에 떨어지는구나
6 내가 내 사랑하는 자를 위하여 문
을 열었으나 그는 벌써 물러갔네
그가 말할 때에 내 혼이 나갔구나
내가 그를 찾아도 못 만났고 불러
도 응답이 없었노라
7 성 안을 순찰하는 자들이 나를 만
나매 나를 쳐서 상하게 하였고 성
벽을 파수하는 자들이 나의 겉옷
을 벗겨 가졌도다
8 예루살렘 딸들아 너희에게 내가
부탁한다 너희가 내 사랑하는 자
를 만나거든 내가 사랑하므로 병
이 났다고 하려무나
9 ○ 여자들 가운데에 어여쁜 자야
너의 사랑하는 자가 남의 사랑하
는 자보다 나은 것이 무엇인가 너
의 사랑하는 자가 남의 사랑하는
자보다 나은 것이 무엇이기에 이
같이 우리에게 부탁하는가

4】

5】

6】

7】

8】

9】

10 ○ 내 사랑하는 자는 희고도 붉어
많은 사람 가운데에 뛰어나구나
11 머리는 순금 같고 머리털은 고불
고불하고 까마귀 같이 검구나
12 눈은 시냇가의 비둘기 같은데 우
유로 씻은 듯하고 아름답게도 박
혔구나
13 뺨은 향기로운 꽃밭 같고 향기로
운 풀언덕과도 같고 입술은 백합
화 같고 몰약의 즙이 뚝뚝 떨어지
는구나
14 손은 황옥을 물린 황금 노리개 같
고 몸은 아로새긴 상아에 청옥을
입힌 듯하구나
15 다리는 순금 받침에 세운 화반석
기둥 같고 생김새는 레바논 같으
며 백향목처럼 보기 좋고
16 입은 심히 달콤하니 그 전체가 사
랑스럽구나 예루살렘 딸들아 이는
내 사랑하는 자요 나의 친구로다

10】
11】
12】
13】
14】
15】
16】

## 6

1 여자들 가운데에서 어여쁜 자
야 네 사랑하는 자가 어디로 갔
는가 네 사랑하는 자가 어디로 돌
아갔는가 우리가 너와 함께 찾으
리라
2 ○ 내 사랑하는 자가 자기 동산으

1】
2】

로 내려가 향기로운 꽃밭에 이르
러서 동산 가운데에서 양 떼를 먹
이며 백합화를 꺾는구나
3 나는 내 사랑하는 자에게 속하였
고 내 사랑하는 자는 내게 속하였
으며 그가 백합화 가운데에서 그
양 떼를 먹이는도다
4 ○ 내 사랑아 너는 디르사 같이 어
여쁘고, 예루살렘 같이 곱고, 깃발
을 세운 군대 같이 당당하구나
5 네 눈이 나를 놀라게 하니 돌이켜
나를 보지 말라 네 머리털은 길르
앗 산 기슭에 누운 염소 떼 같고
6 네 이는 목욕하고 나오는 암양 떼
같으니 쌍태를 가졌으며 새끼 없
는 것은 하나도 없구나
7 너울 속의 네 뺨은 석류 한 쪽 같
구나
8 왕비가 육십 명이요 후궁이 팔십
명이요 시녀가 무수하되
9 내 비둘기, 내 완전한 자는 하나뿐
이로구나 그는 그의 어머니의 외
딸이요 그 낳은 자가 귀중하게 여
기는 자로구나 여자들이 그를 보
고 복된 자라 하고 왕비와 후궁들
도 그를 칭찬하는구나
10 ○ 아침 빛 같이 뚜렷하고 달 같

3】

4】

5】

6】

7】

8】

9】

10】

이 아름답고 해 같이 맑고 깃발을
세운 군대 같이 당당한 여자가 누
구인가
11 ○ 골짜기의 푸른 초목을 보려고
포도나무가 순이 났는가 석류나
무가 꽃이 피었는가 알려고 내가
호도 동산으로 내려갔을 때에
12 부지중에 내 마음이 나를 내 귀한
백성의 수레 가운데에 이르게 하
였구나
13 ○ 돌아오고 돌아오라 술람미 여
자야 돌아오고 돌아오라 우리가
너를 보게 하라 너희가 어찌하여
마하나임에서 춤추는 것을 보는
것처럼 술람미 여자를 보려느냐

11】

12】

13】

7

1 귀한 자의 딸아 신을 신은 네
발이 어찌 그리 아름다운가 네
넓적다리는 둥글어서 숙련공의
손이 만든 구슬 꿰미 같구나
2 배꼽은 섞은 포도주를 가득히 부
은 둥근 잔 같고 허리는 백합화로
두른 밀단 같구나
3 두 유방은 암사슴의 쌍태 새끼 같고
4 목은 상아 망대 같구나 눈은 헤스
본 바드랍빔 문 곁에 있는 연못 같
고 코는 다메섹을 향한 레바논 망

1】

2】

3】

4】

대 같구나
5 머리는 갈멜 산 같고 드리운 머리
털은 자주 빛이 있으니 왕이 그 머
리카락에 매이었구나
6 사랑아 네가 어찌 그리 아름다운
지, 어찌 그리 화창한지 즐겁게 하
는구나
7 네 키는 종려나무 같고 네 유방은
그 열매송이 같구나
8 내가 말하기를 종려나무에 올라
가서 그 가지를 잡으리라 하였나
니 네 유방은 포도송이 같고 네 콧
김은 사과 냄새 같고
9 네 입은 좋은 포도주 같을 것이니라
○ 이 포도주는 내 사랑하는 자를
위하여 미끄럽게 흘러내려서 자
는 자의 입을 움직이게 하느니라
10 ○ 나는 내 사랑하는 자에게 속하
였도다 그가 나를 사모하는구나
11 내 사랑하는 자야 우리가 함께 들
로 가서 동네에서 유숙하자
12 우리가 일찍이 일어나서 포도원
으로 가서 포도 움이 돋았는지, 꽃
술이 퍼졌는지, 석류 꽃이 피었는
지 보자 거기에서 내가 내 사랑을
네게 주리라
13 합환채가 향기를 뿜어내고 우리

5】

6】

7】

8】

9】

10】

11】

12】

13】

의 문 앞에는 여러 가지 귀한 열매
가 새 것, 묵은 것으로 마련되었구
나 내가 내 사랑하는 자 너를 위하
여 쌓아 둔 것이로다

8
1 네가 내 어머니의 젖을 먹은 오
라비 같았더라면 내가 밖에서
너를 만날 때에 입을 맞추어도 나
를 업신여길 자가 없었을 것이라
2 내가 너를 이끌어 내 어머니 집
에 들이고 네게서 교훈을 받았으
리라 나는 향기로운 술 곧 석류즙
으로 네게 마시게 하겠고
3 너는 왼팔로는 내 머리를 고이고
오른손으로는 나를 안았으리라
4 예루살렘 딸들아 내가 너희에게
부탁한다 내 사랑하는 자가 원하
기 전에는 흔들지 말며 깨우지 말
지니라
5 ○ 그의 사랑하는 자를 의지하고
거친 들에서 올라오는 여자가 누
구인가 너로 말미암아 네 어머니
가 고생한 곳 너를 낳은 자가 애쓴
그 곳 사과나무 아래에서 내가 너
를 깨웠노라
6 ○ 너는 나를 도장 같이 마음에 품
고 도장 같이 팔에 두라 사랑은 죽

1】

2】

3】

4】

5】

6】

음 같이 강하고 질투는 스올 같이
잔인하며 불길 같이 일어나니 그
기세가 여호와의 불과 같으니라
7 많은 물도 이 사랑을 끄지 못하겠 7】
고 홍수라도 삼키지 못하나니 사
람이 그의 온 가산을 다 주고 사
랑과 바꾸려 할지라도 오히려 멸
시를 받으리라
8 ○ 우리에게 있는 작은 누이는 아 8】
직도 유방이 없구나 그가 청혼을
받는 날에는 우리가 그를 위하여
무엇을 할까
9 그가 성벽이라면 우리는 은 망대 9】
를 그 위에 세울 것이요 그가 문
이라면 우리는 백향목 판자로 두
르리라
10 ○ 나는 성벽이요 내 유방은 망대 10】
같으니 그러므로 나는 그가 보기
에 화평을 얻은 자 같구나
11 솔로몬이 바알하몬에 포도원이 11】
있어 지키는 자들에게 맡겨 두고
그들로 각기 그 열매로 말미암아
은 천을 바치게 하였구나
12 솔로몬 너는 천을 얻겠고 열매를 12】
지키는 자도 이백을 얻으려니와
내게 속한 내 포도원은 내 앞에
있구나

년 월 일

13 ○ 너 동산에 거주하는 자야 친구
들이 네 소리에 귀를 기울이니 내
가 듣게 하려무나
14 ○ 내 사랑하는 자야 너는 빨리 달
리라 향기로운 산 위에 있는 노루
와도 같고 어린 사슴과도 같아라

13】

14】

나의 사랑하는 자가 내게 말하여 이르기를
나의 사랑, 내 어여쁜 자야 일어나서 함께
가자(아 2:10)

눈으로 읽고 마음으로 옮겨쓰는

**잠언•전도서• 아가**

초 판 1쇄 : 2026년 01월 20일
발 행 인 : 황경자
발 행 처 : 도서출판 두돌비
등록번호 : 2006. 8. 17 제 2006-12호
주 소 : 서울시 중랑구 동일로 107길 12
전 화 : (02) 964-6993 | 팩스 : (02) 2208-0153
E-mail : books153@hanmail.net

ISBN 978-89-85583-78-7